Brandenburg

Das ganze Land ein Garten

STRAUSS *Edition* im Keyser Verlag

Horst Schumacher (Hrsg.)
Grit van Dyk

Peter Joseph Lenné
Albert Einstein

Spaziergang durch den

Schlosspark
Caputh

Einführung

Horst Schumacher

Wäre in Anbetracht der Menge kaum noch zählbarer Bücher über Gärten und Gartenkunst, die auf den Tischen der Buchhandlungen feilgeboten werden, die Konzeption eines neuen Werkes zu erwägen?
Wir meinen schon und wollen uns für dieses Werk einer Form bedienen, die den Blick auf die großen Zusammenhänge genauso gewährt, wie jenen auf die Details einzelner Anlagen. In einem fiktiven Dialog über die Gestaltung des Schlossparks Caputh bei Potsdam unterhalten sich im elften Band unserer Buchreihe über Brandenburger Parkanlagen der preußische Landschaftsgestalter Peter Joseph Lenné und der berühmte Physiker Albert Einstein.
Lenné, 1789–1866, absolvierte schon als junger Mensch von 16 Jahren eine Gärtnerlehre bei seinem Onkel, dem Hofgärtner Joseph Clemens Weyhe in Brühl. Schon ab 1816 war er am Hofe des preußischen Königs tätig. Ihm wurde die Neugestaltung des Neuen Gartens in Potsdam anvertraut. Nach erfolgreicher Tätigkeit schuf er in den darauf folgenden Jahrzehnten ein großflächiges landschaftsgärtnerisches Kunstwerk in und um Potsdam, aber auch in vielen anderen Regionen Preußens. 1828–30 gestaltete Lenné den relativ kleinen Schlosspark Caputh an der Havel.
Albert Einstein, 1879–1955, in Ulm geboren, veränderte durch seine Denkweise und die allgemeine Relativitätstheorie das physikalische Weltbild. Von Herbst 1929 bis Frühjahr 1932 wohnte er in einem von dem Architekten Konrad Wachsmann gebauten Haus und segelte viel auf dem Templiner See.
Der Dialog über den Schlosspark Caputh stellt wiederum eine Parkanlage in Brandenburgs unterschiedlichen Kulturlandschaften vor, die als Triebfedern für die Entwicklung des Großen und Ganzen in dem zurückliegenden Zeitraum von nunmehr etwa 350 Jahren angesehen werden dürfen.
Nicht dass es vor der Zeit um 1650 im Brandenburgischen nicht auch schon Gärten gegeben hätte, aber der 30-jährige Krieg, der mit dem Westfälischen Frieden am 24. Oktober 1648 ein formales Ende fand, stellt für

Brandenburg eine so starke Zäsur dar, dass es durchaus legitim erscheint, eine jüngere, mit neuen Ideen ausgestattete Periode der Gartenkunst von diesem Zeitpunkt an zu betrachten.
Die ausgewählten Parkanlagen werden vorgestellt, indem Dialogpartner in einem fiktiven Gespräch die Eigenarten und Besonderheiten der jeweiligen Parks und Gärten erörtern. Die Dialoge können gelesen und auch gehört werden. Letztere Möglichkeit birgt die Chance, das Gespräch bei einem Besuch der jeweiligen Anlage an Ort und Stelle zu erleben.
Diese Konstruktion fiktiver Dialoge ist dem bemerkenswerten Werk von Jean-Paul Sartre entlehnt. Ist es nicht im besten Sinne phantastisch, wie er in »Das Spiel ist aus« seine ungleichen Dialogpartner, die er sich in Liebe zugetan sein lassen möchte, zunächst in ein Totenreich bringt, um dann diejenigen, die kein Spiegelbild mehr haben, in neue, unentdeckte Lebenspartnerschaften zusammenzuführen? Dabei ist die gewählte Fügung ein geniales Rahmenwerk für den Kern des Stückes, einer Darstellung der Résistance, dem französischen Widerstand gegen die Besetzungen des Hitlerregimes in Frankreich. Die Lektüre des Stückes von einem der bedeutendsten Existenzialisten – einmal vor Jahrzehnten als Film gesehen und nie mehr vergessen – ist so anregend, und die in dieser Konstruktion steckenden Potenziale können so groß eingeschätzt werden, dass sich auch für die Reihe der Brandenburger Gärten & Parks einige Gesprächspartner für die geistreichen, jedoch fiktiven Dialoge zusammenfinden mussten. Sie kommen aus gänzlich unterschiedlichen Lebenszusammenhängen, und sie plaudern darüber, was der Ernst der wissenschaftlichen Darstellungen nur selten thematisiert. Aber in den fiktiven Dialogen stecken geistreiche Wahrheiten. Die Dialoge sind aufgebaut aus einem Fundus originaler zeitgenössischer Erläuterungen zu den jeweiligen Anlagen, die großenteils auch mit einer Sammlung wörtlicher Zitate hätten vorgetragen werden können, nur halt als »graue Theorie«!

Ein angeregtes Gespräch im Caputher Schlosspark
zwischen Peter Joseph Lenné und Albert Einstein

Einstein Hilfe! Hilfe!

Lenné Um Gottes willen! Ich komme! Halten Sie durch! Ich helfe Ihnen!

Einstein Hilfe! Beeilen Sie sich! Ich kann mich nicht mehr halten!

Lenné Hier bin ich – ich zieh Sie da raus!

Einstein Welch ein Glück! Vielen Dank für Ihre Hilfe! Das war wirklich knapp! Vor allem, wenn man nicht schwimmen kann!

Lenné Sie können nicht schwimmen und wagen sich dann bei so einem Wetter ohne Schwimmweste auf den See?

Einstein Ich hasse Schwimmwesten! Aber ich segle so gerne! Zugegeben – nicht besonders gut...

Lenné Offensichtlich nicht, nein! Wissen Sie denn nicht, wie unberechenbar diese Binnengewässer bei Sturm sind? Gerade der Templiner See hat seine Tücken!

Einstein Ja, ja, ich weiß. Ich hatte hier in Caputh früher ein Sommerhaus und bin auf diesen Gewässern oft gesegelt. Aber mal ehrlich, die Wahrscheinlichkeit, dass uns in unserem Schwebezustand etwas passiert, ist doch relativ gering! Ich bin seit 54 Jahren tot, und seitdem befinde ich mich in diesem merkwürdigen, blutleeren Zustand. Ich vermisse das Leben so sehr! Diese großen und kleinen Gefühle, die das Leben ausmachen!

Lenné Und deshalb versuchen Sie, diesen Zustand herauszufordern?

Einstein Genau! Ich versuche, ihm eine winzig kleine Emotion abzuringen, ein bisschen Angst vielleicht oder eine Prise Glück, meinetwegen auch eine Kumme[1] voll Trauer – nur irgendetwas!

Lenné Das verstehe ich sehr gut! Ich habe sogar noch mehr Erfahrung im Tot-Sein als Sie, denn ich verstarb schon 1866 und bin nunmehr seit 163 Jahren tot. Auch ich sehne mich sehr nach einem kleinen Moment Lebendigkeit! Aber ich kann Ihnen versichern, unser Sehnen ist zwecklos!

Einstein Und warum haben Sie dann eben so getan, als wären wir noch am Leben?

Lenné Das ist meine Taktik gegen diesen Schwebezustand! Ich ignoriere ihn, wo ich kann!

Einstein Verstehe! Ich glaube, dass der Unterschied zwischen Vergangenheit, Gegenwart und Zukunft eine Illusion ist – wenn auch eine sehr hartnäckige.

Lenné Das stimmt!

Einstein Nun entschuldigen Sie aber bitte meine Unhöflichkeit, ich habe mich noch gar nicht vorgestellt: Ich bin Albert Einstein.

Lenné Ich bin Peter Joseph Lenné.

Einstein Ach, dass ich Ihnen mal begegne ... das ist ja eine Freude! Ihre Gestaltung des Berliner Tiergartens als öffentlichen Park hat mir sehr imponiert!

Lenné Tatsächlich? Danke! Nun, die Idee des Volksgartens war ja nicht wirklich neu. Ludwig von Sckell[2] hatte den Englischen Garten in München schon 1789 als Volkspark umgestaltet.
Der große Berliner Tiergarten war zwar schon 1742 von Friedrich dem Großen als Lustpark der Bevölkerung zugänglich gemacht worden, aber er war kein reiner Volkspark im eigentlichen Sinne.

Einstein Ich habe in einer Zeitschrift mal Bilder von Ihren Gestaltungsideen gesehen. Dabei hat mir besonders die Weitläufigkeit der Anlage gefallen! Zu meinen Lebzeiten war davon leider nicht mehr viel übrig – der Tiergarten war durchgestylt und überfrachtet mit Blumenarrangements und Teppichbeeten.

Lenné Wie schade! Dabei arbeitete ich 22 Jahre an seiner Umgestaltung zu einem Landschaftspark nach englischen Vorbild.
Ich erhielt 1818 den Auftrag zur Neugestaltung verschiedener Teile des Tiergartens von König Friedrich Wilhelm III. –

da war ich gerade zwei Jahre als Gartengeselle in Sanssouci tätig.

Einstein Das nenne ich einen Karrieresprung!

Lenné Nun ja ... ja, es war erstaunlich. Und dabei war ich anfänglich keineswegs entschlossen, in Potsdam zu bleiben. Ich wollte gerne wieder ins Rheinland zurück. Aber ich konnte ja nicht ahnen, dass ich hier ein Arbeitsfeld vorfinden würde, wie es vor und nach mir keinem Gartenkünstler zuteil geworden ist!

Ich hatte allerdings auch nicht die schlechtesten Referenzen. Von 1805 bis 1808 hatte ich eine Gärtnerlehre bei meinem Onkel gemacht, der in Brühl als Hofgärtner tätig war.

Danach schickte mich mein Vater – der im übrigen auch Gärtner war – auf Studienreise nach Süddeutschland und Frankreich. Für diese wunderbaren beruflichen Erfahrungen bin ich ihm immer noch sehr dankbar! In Paris arbeitete ich 1811 als Gehilfe von André Thouin, dem Leiter des Botanischen Gartens. Von ihm und seinem Bruder Gabriel, einem der damals berühmtesten Gartenarchitekten Europas, lernte ich vor allem eins: die Erweckung der Neugierde!

Einstein Die Erweckung der Neugierde?

Lenné Ganz genau! Um die Lust eines Spaziergängers an dem Erkunden einer Landschaft zu steigern, muss man diese vielfältig gestalten und immer wieder neue, anregende Aussichtspunkte erschaffen. Hierzu eignet sich der Einsatz der Perspektive zur Raumbildung sowie eine durchdachte Wegführung.

Einstein Verstehe.

Lenné Aber auch von Franz Boos, dem Leiter der Kaiserlich-Königlichen Hofgärten in Wien, lernte ich eine Menge, als ich von 1812 bis 1814 bei ihm arbeitete. Man betraute mich dort zwar schon 1815 mit der Planung für den Schlosspark in Laxenburg, aber mich zog es wieder in die deutschen Lande, und so kam ich 1816 auf

Empfehlung des preußischen Oberlandforstmeisters Hartig als Gartengeselle nach Potsdam.

Einstein Und hier starteten Sie Ihre eigentliche Karriere?

Lenné Wenn Sie so wollen – ja.

Einstein Was gestalteten Sie denn außer dem Tiergarten noch?

Lenné Nun – wenn ich es recht bedenke, werden es wohl um die 120 Parkanlagen gewesen sein. Die bekanntesten von ihnen in Berlin und Brandenburg sind die auf der Pfaueninsel, verschiedene Teile im Park Sanssouci, die russische Kolonie Alexandrowka, der Park Babelsberg, die Parkanlage von Schloss Friedrichsfelde, der Lennépark in Frankfurt an der Oder und die Parkanlage des Schlosses Liebenberg.

Einstein Und außerhalb Brandenburgs?

Lenné Ja, also – der Klosterbergegarten in Magdeburg, der Johannapark in Leipzig, die Parkanlage des Schlosses Stolzenfels in Koblenz, der Elisengarten in Aachen, die Roseninsel im Starnberger See, die Parkanlage von Schloss Basedow, der Schlossgarten in Ludwigslust und noch einige andere.

Einstein Das ist sehr beachtlich!

Lenné Danke.

Einstein Wenn ich mich recht entsinne, waren Sie doch auch städteplanerisch tätig, oder? Haben Sie nicht sogar die Straßenzüge von der Gneisenaustraße bis zum Wittenbergplatz und dann weiter bis zum Zoologischen Garten entworfen?

Lenné Ja, richtig. Außerdem den Belle-Alliance-Platz – heute heißt er Mehringplatz –, den Lustgarten, den Leipziger Platz, den Opernplatz und den Hausvogteiplatz. Später widmete ich mich dann auch den Schiffswegen. So gestaltete ich den Landwehrkanal, den Luisenstädtischen Kanal sowie den Berlin-Spandauer-Schifffahrtskanal.

Einstein Ich muss schon sagen, Herr Lenné, Sie haben in Ihrem Leben ganz schön gewirbelt!

Lenné Hinzu kam, dass ich in einer Epoche lebte, die voller politischer und gesellschaftlicher Umbrüche war! Ich arbeitete unter drei preußischen Königen! Bis 1840 unter Friedrich Wilhelm III., dann unter seinem Sohn Friedrich Wilhelm IV. und ab 1861 unter Wilhelm I., dem Bruder Friedrich Wilhelms IV.

Einstein Dann haben Sie ja die Auswirkungen der Französischen Revolution miterlebt, die Phase der Restauration, die sozialen Probleme der Industriellen Revolution, die Revolution von 1848 und auch noch die nachfolgende Phase der Reaktion!

Lenné Und schließlich erlebte ich sogar noch erste Schritte einer liberaleren Politik! Aber trotz aller Umbrüche hat mir meine Arbeit immer große Freude bereitet. Besonders die Arbeit an den Volksgärten gefiel mir, denn mit ihnen erschuf ich Orte der Erholung für die geplagte städtische Bevölkerung.

Einstein Erholung – der Erholung dient der Tiergarten heute wieder!

Lenné Wieso wieder?

Einstein Im Zweiten Weltkrieg wurde der Tiergarten durch Bomben schwer beschädigt. Und in der Nachkriegszeit wurden seine Bäume und Sträucher aufgrund des Kohlemangels verheizt.

Von ehemals 200.000 Bäumen waren nur etwa 700 übrig geblieben!

Außerdem entstanden in dieser Zeit mehr als 2000 Parzellen, auf denen Gemüse angebaut wurde. Immerhin wurde er im Rahmen eines Notstandsprogramms zwischen 1949 und 1959 wieder aufgeforstet, wobei er aber die von Ihnen angedachte Synthese von barocken und landschaftlichen Elemente verlor. Seitdem aber erholen sich die Berliner in dieser grünen Oase wieder nur zu gerne!

Lenné Meiner Meinung nach soll ein Park nicht nur ein Ort der Erholung sein, sondern auch als Bildungs- und Erziehungsmittel für das Volk dienen.

Einstein Wie meinen Sie das?

Lenné Der Staat muss in die Pflicht genommen werden, durch die Gartenkunst den allgemeinen Schönheitssinn zu entwickeln,indem gartenkünstlerische Verschönerungsanlagen wie öffentliche Parks, Plätze und Straßen von qualifizierten Gartenkünstlern gebaut werden.

Einstein Es kommt also auf eine Qualifizierung der Gartenarchitekten an?

Lenné Ganz genau! Denn die besondere Aufgabe der Gartenkunst ist es, das Große, Edle und Höhere in der Natur, von dem individuellen Geiste des Künstlers durchdrungen, schöpferisch darzustellen. Daher setzte ich mich für die Gründung einer staatlichen Lehranstalt ein. 1823 erfolgte auf Kabinetts-Order Friedrich Wilhelms III. die Gründung der Königlichen Landesbaumschule sowie der Gärtnerlehranstalt. Ich wurde damals zum Direktor beider Institutionen ernannt.

Einstein Es ist aber nicht genug, den Menschen ein Spezialfach zu lehren. Dadurch wird er zwar zu einer Art benutzbarer Maschine, aber nicht zu einer vollwertigen Persönlichkeit. Es kommt darauf an, dass er ein lebendiges Gefühl dafür bekommt, was zu erstreben wert ist. Er muss einen lebendigen Sinn dafür bekommen, was schön und was moralisch gut ist.

Lenné Da stimme ich Ihnen vollkommen zu, Herr Einstein!
Sagen Sie, haben Sie etwas Zeit? Wollen wir uns zu einer kleinen Plauderei ins Kavaliershaus setzen?
Das Wetter ist heute allzu nass für einen Spaziergang, und da drinnen ist es wenigstens trocken!

Einstein Ja, sehr gerne!

Lenné Setzen wir uns hier hin! Von hier hat man einen schönen Ausblick auf den See und Teile des Parks.

Einstein Nach Ihren Plänen wurde doch hier der Garten in Caputh 1830 angelegt, oder?

Lenné Das stimmt. Woher wissen Sie das?

Einstein Ich verbrachte von 1929 bis 1932 einen Großteil des Jahres hier in meinem Sommerhaus und habe in der Zeit einiges über Caputh erfahren. Ich hatte ein paradiesisches Anwesen.
Das Grundstück, auf dem früher schöne, alte Kiefern standen, liegt auf einem Hügel direkt am Wald. Man hat von dort einen herrlichen Blick auf das Dorf sowie auf die Havelseen.
Ich schrieb einmal meinem Sohn Eduard: »Komm nach Caputh, pfeif auf die Welt!« Denn das konnte man von hier besonders gut!

Lenné Das kann ich mir gut vorstellen!

Einstein Ich war seit meinem Fortgang im Jahre 1932 nicht mehr hier. In Princeton, wo ich ab 1933 lebte und arbeitete, habe ich oft an mein dickes Segelschiff und das Sommerhaus gedacht. In Caputh erlebte ich eine wunderbare Zeit der relativen Ruhe.

Lenné Warum sind Sie fortgegangen?

Einstein Ich stammte aus einer alteingesessenen jüdischen Familie, die seit Jahrhunderten im Schwäbischen ansässig war.
Wir waren so etwas wie eine assimilierte, nicht strenggläubige deutsch-jüdische Mittelstandsfamilie.
Obgleich ich später so etwas wie ein jüdischer Heiliger wurde, besuchte ich lange Zeit keine Synagoge, so dass ich fürchten musste, Gott würde mich nicht mehr erkennen.
Wenn er es aber täte, wäre es wohl noch schlimmer!
Jedenfalls war damals abzusehen, dass der nationalsozialistische Staat mit uns Juden – sagen wir es mal so – nicht gerade freundlich umgehen würde. Solange mir die Möglichkeit offen stand, wollte ich mich aber nur in einem Land aufhalten, in dem politische Freiheit, Toleranz und Gleichheit aller Bürger vor dem Gesetz herrschen. Diese Bedingungen waren in dem damaligen

Deutschland nicht erfüllt. Später wollte und konnte ich in ein von den Nationalsozialisten beherrschtes Deutschland nicht zurückkehren, zumal bereits im Sommer 1933 mein Sommerhaus und mein Segelschiff von diesen Leuten widerrechtlich konfisziert wurden.
Nun erzählen Sie mir aber doch bitte von der Gestaltung des Gartens hier in Caputh!

Lenné Gerne. Zunächst muss ich erwähnen, dass die Gestaltung dieses Parks im Zusammenhang mit einem Gesamt-Plan für die Potsdamer Landschaft zu sehen ist.

Einstein Wie ist das zu verstehen?

Lenné König Friedrich Wilhelm IV. beauftragte mich 1840, einen Gesamt-Plan zu erstellen, der die Gärten, Parks und Schlösser der Insel Potsdam zu einem riesigen Landschaftsgarten entlang der Havel verknüpfen sollte.

Einstein Ein gewaltiger Auftrag!

Lenné Sehr wohl! Friedrich Wilhelm IV. war aber nicht der Erste, der sich ein solches Unterfangen für diese Umgebung wünschte. Schon der Große Kurfürst, Friedrich Wilhelm, hatte etwa 200 Jahre zuvor davon geträumt. Während seiner Studienzeit an der Universität Leiden lernte er die niederländische Architektur, Kunst und Landschaftsgestaltung kennen – und lieben!

Einstein Und auch die niederländischen Frauen! Seine erste Frau, Louise Henriette von Nassau-Oranien, war doch gebürtige Niederländerin!

Lenné Das stimmt. Friedrich Wilhelm verwandelte ab 1660 nach niederländischem Vorbild die Potsdamer Umgebung in eine Kunstlandschaft: Er ließ großzügige Alleen anlegen, landwirtschaftliche Mustergüter und Obstplantagen errichten.
Der Ausgangspunkt war dabei das Potsdamer Stadtschloss, das auch nach niederländischem Vorbild errichtet wurde. Dazu entstanden im letzten Drittel des 17. Jahrhunderts die drei kleinen

fürstlichen Lustschlösser von Bornim, Glienicke und Caputh, die wie ein kostbarer Perlenkranz um die Residenz Potsdam lagen und mit ihr durch breite Alleen und Sichtachsen verbunden waren. Friedrich Wilhelms Berater, Johann Moritz Fürst von Nassau-Siegen[3], sagte einst: »Das ganze Eiland muss ein Paradies werden!«

Einstein Ein Paradies auf Erden...

Lenné Das Gebiet, das wir in einen groß angelegten Landschaftspark verwandeln wollten, erstreckte sich entlang der Havel von der Pfaueninsel bis nach Werder und in der Nord-Süd-Ausdehnung von Nedlitz bis Caputh.

Einstein Das ist ja riesig!

Lenné Ich arbeitete auch fast ein halbes Jahrhundert daran!
Ich hatte eine solch planmäßige Verbindung ganzer Landschaften während meiner Englandreise 1822 gesehen, als ich auf dem Landsitz Caton Hall bei Chester weilte. Die Themse-Region von Richmond bis Hampton war zu einem großangelegten Landschaftspark gestaltet worden. Die englische Gartenkunst wurde für mich zum Vorbild: Natur und Kunst vereinigten sich dort zu einem begehbaren Landschaftsgemälde.

Einstein Ein recht überdimensioniertes Gemälde!

Lenné Deshalb umso faszinierender! Friedrich Wilhelm IV. hatte von diesem großartigen Landschaftspark gehört und wollte auch einen solchen haben. Kurz nach seiner Thronbesteigung 1840 schrieb er mir: »Aus der Umgebung von Berlin und Potsdam könnte ich nach und nach einen Garten machen – entwerfen Sie mir einen Plan!«

Einstein Warum gerade Sie?

Lenné Mich hatte der preußische Staatskanzler, Karl August Fürst von Hardenberg, beauftragt, seine Besitzungen Glienicke und Neuhardenberg gartenkünstlerisch umzugestalten.

Hierdurch hatte ich mir schnell einen Namen als Gartenarchitekt gemacht. Außerdem kannte Friedrich Wilhelm IV. meinen Verschönerungs-Plan der Umgebung von Potsdam von 1833, in dem ich meine Visionen eines Gartenparadieses zum Besten gab. Mein neuer Gesamt-Plan von 1842 basierte auf diesem Plan. Viele einzelne Projekte beruhten auf skizzierten Vorstellungen des Königs, aber Friedrich Wilhelm IV. war ein »Romantiker auf dem Thron« – seine Bauphantasien waren häufig überdimensioniert und nicht finanzierbar.
Er wollte zum Beispiel in Sanssouci eine kostspielige Triumphstraße errichten lassen! Letztlich konnte davon nur die Orangerie ausgeführt werden. Wie oft musste ich ihm teure Bauanlagen ausreden und ihn zwingen, bescheidener zu denken und – zu bauen. Oftmals ein müßiges Unterfangen!

Einstein Geld zieht nur den Eigennutz an und verführt unwiderstehlich zum Missbrauch. Oder können Sie sich Jesus oder Moses mit Carnegies[4] Geldsack bewaffnet vorstellen?

Lenné Nein, wirklich nicht.
Doch wir erweiterten den Kranz um Schloss Sanssouci in den folgenden Jahren erheblich: 1841 kam der Wildpark hinzu, 1842 der Ruinenberg und Sacrow, 1849 der Pfingstberg und 1860 Lindstedt.

Einstein Offensichtlich setzte in Potsdam mit Ihnen eine Bautätigkeit ein, die mit der Friedrichs des Großen in der zweiten Hälfte des 18. Jahrhunderts vergleichbar ist!

Lenné Na ja, fast. Ich ließ in Potsdam verschiedene Plätze neu gestalten und die alten friderizianischen Bauwerke instandsetzen.
Nicht nur die vom König in Auftrag gegebenen Bauten, sondern auch private Villen waren der Verschönerungsidee unterworfen!

Einstein Das ist größenwahnsinnig! Aber eine wirklich gute Idee erkennt man daran, dass ihre Verwirklichung von vornherein ausgeschlossen erscheint.

Lenné Die Baulustigen erhielten vom König einen Baukostenzuschuss, wenn Sie sich auf die vorgegebenen Verschönerungen einließen.

Einstein Die gesamte Bautätigkeit war in den Dienst Ihrer Idee gestellt!

Lenné So ungefähr. Bei den Gebäuden gab es keinen einheitlichen Stil; es herrschte vielmehr ein Nebeneinander verschiedener baulicher Stilelemente. Das Bauwerk sollte der Steigerung der landschaftlichen Schönheit dienen. So erhielten die Hügel ein Belvedere, das von vielen Orten sichtbar waren, wie zum Beispiel das auf dem Pfingstberg oder der Tempel auf dem Kahlenberg. Die Villen und Kirchen lagen oftmals an der Havel oder an Seen, wie zum Beispiel die Heilandskirche in Sacrow oder die Villen am Jungfernsee, damit sie sich im Wasser spiegeln konnten ...

Einstein ... und damit die Neugierde des Betrachters wecken konnten! Alle Achtung! Mit Ihrem Verschönerungsplan haben Sie wahrlich Großes geleistet! Ihr Nachfolger, Ferdinand Jühlke[5], sah Sie als einen Zerstörer, welcher mit unbeugsamer Strenge das Alte niederwirft, um Raum für seine Ideen zu gewinnen und dann aber auch als ein organisatorisches Genie, das wieder Ordnung und Harmonie in die Massen seiner Schöpfungen bringt.
Er fand, dass in Ihrer gewaltigen Natur die Kraft des Zerstörens, Schaffens und Organisierens in einer wunderbaren Weise vereinigt war.

Lenné Nun ja, da mag was dran sein! Aber durch die Leistungen vorheriger Jahrhunderte war die Landschaft rund um Potsdam schon zu einem großen Kunstwerk gereift. Ich musste nur noch zugreifen! Aber wahrscheinlich war dieser Verschönerungsplan mein größtes Werk überhaupt.

Einstein Wenn man sich heute hier umschaut, kann man sich die Größe und den Umfang dieses Planes nur schwerlich vorstellen.

Lenné Ja, leider. Die Zeitumstände haben die Potsdamer Landschaft fast bis zur Unkenntlichkeit entstellt.

Einstein Na, wie wär's?! Hätten Sie Lust, mich durch den Caputher Schlossgarten zu führen und mir zu zeigen, wie Sie ihn damals anlegen ließen? Es wäre mir eine große Ehre, von dem Architekten selbst durch den Park geführt zu werden!

Lenné Wirklich? Nur allzu gerne! Es hat auch aufgehört zu regnen! Kommen Sie mit!
Am besten wir beginnen am Schloss. Kommen Sie hier entlang!

Einstein War der Große Kurfürst eigentlich der Erste, der hier ein Schloss erbauen ließ?

Lenné Nein, Kurfürstin Katharina ließ an dieser Stelle bereits im 16. Jahrhundert ihre Sommerresidenz errichten, die schon damals eine Musterwirtschaft mit Weinbergen, Teichen, Gutshof und Schlossgarten war. 1662 baute dann der Baumeister des kurfürstlichen Stadtschlosses Potsdam, Philipp de Chiese[6], das im Dreißigjährigen Krieg stark zerstörte Schloss wieder auf und ließ an dieser Stelle ein schlichtes Landhaus errichten.
Auch einen barocken Garten ließ er anlegen. Nach seinem Tod fiel es dem Großen Kurfürsten zu, der es 1673 seiner zweiten Gemahlin, Dorothea von Holstein-Glücksburg, schenkte.
Sie ließ an der Südseite zwei quadratische Pavillonanbauten und an der nördlichen Fassade eine doppelläufig geschwungene Freitreppe hinzufügen. Von dieser Freitreppe aus erreicht man die kostbar ausgestatteten Gemächer.
Waren Sie schon mal im Schloss?

Einstein Ja, aber das ist schon eine ganze Weile her.

Lenné Ein Besuch lohnt sich wirklich! In den Räumen ist bis heute die ursprüngliche und sehr aufwendige Deckengestaltung mit Gemälden und Stukkaturen erhalten geblieben.

Einstein Theodor Fontane schreibt in seinen »Wanderungen« über die erhaltenen Deckenmalereien, dass gerade sie zu uns von jener Morgenzeit brandenburgischer Macht und brandenburgischer Kunst sprechen!

Lenné Da kann ich ihm nur zustimmen! Im Schloss befinden sich auch wieder diverse Lackmöbel, Skulpturen, Porzellane und Gemälde aus Dorotheas Zeit. Dieses frühbarocke Schloss ist der einzig erhaltene Schlossbau aus der Zeit des Großen Kurfürsten Friedrich Wilhelm von Brandenburg in der Potsdamer Kulturlandschaft.

Einstein Ach, das wusste ich nicht!

Lenné Friedrich Wilhelms Sohn aus erster Ehe, der Kurfürst Friedrich III., der ab 1701 König Friedrich I. in Preußen wurde, ließ das Caputher Schloss weiter verschönern. Sein Sohn, Friedrich Wilhelm I., war ein leidenschaftlicher Jäger und pflegte nach seinen Jagdausflügen im Großen Potsdamer Tiergarten das Schloss Caputh aufzusuchen.

1720 ließ er den unvergleichlichen Fliesensaal mit 7500 holländischen Fayencefliesen als Sommerspeisesaal im Untergeschoss des Hauses einrichten.

Einstein Dieser Saal ist wirklich einzigartig! Die verschieden getönten Glasuren, die in cremigem Weiß, Rot, Grün und in mehreren Blautönen schimmern, lassen in dem wuchtigen Kellergewölbe je nach Lichteinfall erstaunliche Spiegelreflexe entstehen! Genau das richtige Ambiente für eine Erfrischung in sommerlicher Hitze!

Lenné Eine gelungene Variante der damals in den barocken Lustgärten so beliebten künstlichen Grotten – perfekt zugeschnitten auf einen sparsamen König, der eine Leidenschaft für alles Schlichte und Schöne hatte!

Einstein Alles sollte so einfach wie möglich gemacht sein, aber nicht einfacher!

Lenné Ja, genau. Der Sohn von Friedrich Wilhelm I., Friedrich II.,

interessierte sich nicht für Caputh. Darum wurde das Schloss für gewerbliche Zwecke verpachtet. Sogar eine Obstbaumschule befand sich mal hier auf diesem Gelände. 1815 erwarb es Major von Thümen, womit das Schloss in privaten Besitz überging. 1828 bat mich die Familie von Thümen, einen Verschönerungsplan für den Garten zu entwerfen.
Für sie hatte ich schon den Park in Blankensee entworfen.

Einstein Ah, hier auf der Freitreppe des Schlosses hat man einen herrlichen Blick auf Garten und See! Und – wenn man sich reckt, kann man sogar einige der Kirchturmspitzen von Potsdam erblicken!

Lenné Ein herrlicher Blick – gewiss, obwohl dieser zu meiner Zeit weitaus prächtiger war! Der schändliche Eisenbahndamm trübt leider die Sicht nach Potsdam! Bevor ich den drei Hektar großen Park in Anlehnung an englische Landschaftsparkanlagen umwandelte, ging von dieser Freitreppe die Hauptachse des ehemals barocken Lustgartens aus. Nach niederländischem Vorbild hatte Dorothea ihn zwischen Schloss und See anlegen lassen. Die Treppe, auf der Sie stehen, führte auf einen mit Rasenspiegeln und Plastiken geschmückten Vorplatz, der durch eine kleine Mauer vom kunstvoll angelegten Broderieparterre[7] getrennt wurde. In der Mitte des symmetrischen Parterres[8], das mit Skulpturen, Kübelpflanzen und Blumenbeeten geschmückt war, befand sich zudem noch eine große Fontäne.
Zu Gunsten einer freieren landschaftlichen Wirkung ließ ich aber die Stützmauer der barocken Terrasse abreißen.

Einstein Verstehe! Da vorne – die große, alte Linde?
Gehörte sie zu den Eckbäumen des Barockparterres?

Lenné Ja, die gehörte dazu!

Einstein Was ist mit Ihnen? Sie scheinen plötzlich so traurig!

Lenné Wenn ich hier so den Blick schweifen lasse, muss ich leider feststellen, dass nicht mehr viel mehr von dem übrig ist, was ich gestaltet habe. – Wissen Sie, ich frage mich, warum ich eigentlich mein ganzes Leben dieser Landschaft gewidmet habe, wenn nachfolgende Generationen den Wert dessen überhaupt nicht erkannten.

Einstein Es ist rätselhaft, was einen antreibt, die Arbeit so verteufelt ernst zu nehmen. Für wen? Für sich? Für die Mitwelt? Für die Nachwelt?

Lenné Vielleicht hofft man heimlich, durch die Arbeit unsterblich zu werden!

Einstein Wie merkwürdig ist die Situation von uns Erdenkindern! Jeder von uns erscheint da unfreiwillig und ungebeten zu kurzem Aufenthalt, ohne zu wissen warum und wozu.

Aber man muss die Welt ja nicht verstehen, man muss sich nur in ihr zurechtfinden. Ich glaube, wenn man ein glückliches Leben führen will, muss man es mit einem Ziel verbinden, nicht aber mit Menschen oder Dingen.

Lenné Da kann ich Ihnen nicht zustimmen. Ich war 35 Jahre sehr glücklich mit meiner Frau »Fritzchen« verheiratet. Die Dienstwohnung im Schlosspark von Sanssouci gestalteten wir gemeinsam zu einem gemütlichen und gastfreundlichen Ort, an dem viel gefeiert und gelacht wurde.

Einstein Tja, meine Abneigung gegen jede Bindung, die mir nicht absolut notwendig erschien, hat mich häufiger in Konflikte gebracht. Ich habe Freunden und selbst der engeren Familie nie mit ganzem Herzen angehört. Ich hatte gegenüber diesen Bindungen ein sich nie legendes Gefühl von Fremdheit, das sich mit dem Alter sogar noch steigerte.

Lenné Waren Sie verheiratet?

Einstein Ja, zwei Mal. Meine erste 1903 geschlossene Ehe mit Mileva war nicht besonders glücklich. Immerhin entstammen ihr meine beiden Söhne Hans Albert und Eduard.

Unsere Tochter Lieserl, die noch vor den Söhnen zur Welt kam und unehelich war, haben wir zur Adoption freigegeben.
Ein schwerer Fehler.

Lenné Das tut mir leid.

Einstein 1919 heiratete ich meine Cousine Elsa. Diese Verbindung war eher pragmatischer Natur. Elsa umhegte und pflegte mich wie ein Möbelstück, das in Ordnung gehalten werden muss. Wahrlich ein vergeblicher Versuch!
Nach ihrem Tode bin ich offensichtlich verwahrlost.
Ich wurde zu einer altertümlichen Figur, die besonders durch den Nichtgebrauch von Socken bekannt wurde.
Na ja, geniale Menschen sind selten ordentlich, ordentliche selten genial.

Lenné Wenn Sie Ihr Lebensglück nicht mit einem Menschen geteilt haben, worauf zielte Ihr Leben dann ab?

Einstein Ich hatte mich der Physik verschrieben und dort einige Theorien aufgestellt.

Lenné Was für Theorien?

Einstein Meine bekannteste Theorie war wohl die Relativitätstheorie.

Lenné Die Relativitätstheorie? Was besagt die?

Einstein Nun, wenn man zwei Stunden lang mit einem netten Mädchen zusammensitzt, meint man, es wäre eine Minute.
Sitzt man jedoch eine Minute auf einem heißen Ofen, meint man, es wären zwei Stunden. Das ist Relativität.

Lenné Das erscheint mir plausibel! Einfach und genial!

Einstein Vielleicht ist der klug, der Schweres einfach sagt.
Nein, aber ehrlich, ich hatte keine besondere Begabung – ich war nur leidenschaftlich neugierig, und mir genügte es, mich über Geheimnisse zu wundern. Meine Theorien liefern viel, aber dem Geheimnis des Alten bringen sie uns kaum näher. Jedenfalls bin ich überzeugt, dass Gott nicht würfelt.

Lenné Aber mit Ihren Theorien rücken Sie ihm doch sicher ganz schön zu Leibe!

Einstein Ein Gott, der sich mit einem menschlichen Verstand begreifen ließe, wäre ein jämmerlicher Gott!

Lenné Sind Sie sehr gläubig?

Einstein Einen Gott, der die Objekte seines Schaffens belohnt und bestraft, der überhaupt einen Willen hat nach Art desjenigen, den wir an uns selbst erleben, kann ich mir nicht einbilden. Ich glaube, dass es einen uns sehr weit überlegenen, geheimnisvollen Geist geben muss, der dieses Universum erschuf. Und den bewundere ich sehr!
Ich glaube allerdings, dass Gott nicht allmächtig ist.

Lenné Wieso nicht?

Einstein Kann Gott einen so großen Stein erschaffen, dass er ihn nicht mehr heben kann? Nein! Entweder er kann ihn nicht erschaffen, oder er kann ihn nicht heben!

Lenné Kommen Sie. Kommen Sie nun hier entlang! Diesen nördlichen Teil des Gartens ließ ich locker mit Bäumen durchstellen, diese Gebäude sowie die Gartengrenze wurden dabei dicht abgepflanzt. Die Hälfte des Gartens wurde zu meinen Zeiten von Gemüsefeldern eingenommen. Dichtes Buschwerk und Bäume schirmten die Beete ab. In westlicher Richtung ließ ich Obstbäume pflanzen, die am Rande von Buchen und Pappeln begrenzt wurden. Es gab kritische Stimmen, die meinten, dass aufgrund der Beete und Obstbäume eigentlich nicht von einer Parkgestaltung gesprochen werden könnte. Ich hielt mich aber bei der Planung an die Vorgaben meiner Auftraggeber.
Außerdem habe ich als gebürtiger Rheinländer hier im Brandenburgischen nur allzu oft Obstplantagen und Weinberge vermisst!

Einstein Diese Obstbäume hier – stammen die noch aus Ihrer Zeit?

Lenné Nein, die nicht, aber dahinten die Pappeln und Buchen, die als Begrenzung dienen, die ließ ich anpflanzen.
Aber schon Philipp de Chiese belebte die Fischteiche und den Weinberg nach dem Dreißigjährigen Krieg wieder.
Und Kurfürstin Dorothea ließ hier später auch wieder eine Musterwirtschaft errichten.

Einstein Wenn ich mich recht besinne, hängt im Schloss eine Idealansicht des Gartens aus dieser Zeit von Jean Baptiste Broebes.
Auch wenn die Architekturdetails sicher nicht mit der Wirklichkeit übereinstimmten, ist in dieser Ansicht der hohe gartenkulturelle Stand dokumentiert.

Lenné Da haben Sie Recht. Ostwärts führte eine 250 Meter lange Lindenallee Richtung Potsdam. Dort lag auch die Meierei.
Auf den großen umliegenden Ackerflächen betrieb man Dreifelderwirtschaft. Kleinere Wiesenflächen dienten als Weideland.
Zwischen dem See und einem Teich lag der große Weinberg.
Dann folgten Fischteiche, die neu erbaute Kirche, ein Gutshof und die Obstgärten. Stellen Sie sich vor: Schon 1713 erwähnt das Inventar hier den Gesamtbestand von 20 Weinstöcken und 215 Obstbäumen. Darunter waren Äpfel-, Birnen-, Kirsch-, Pflaumen-, Walnuss-, Pfirsich-, Feigen- und Aprikosenbäume!

Einstein Das ist erstaunlich! Gab es hier auch eine Orangerie?
Die waren doch in barocken Gärten sehr beliebt!

Lenné Ja, es gab eine zur Zeit des Großen Kurfürsten.
Doch nach dem Tode Friedrich I. wurde diese aus Kostengründen geschlossen. Gehen wir nun diesen Weg – der führt uns zum See.
Hier – sehen Sie diese Altbäume? Diese wunderschönen Ulmen, Platanen und Linden? Die sind noch aus meiner Zeit!

Einstein Es ist doch sehr erstaunlich, dass sie bei all den zeitlichen Wirren noch vorhanden sind! 180 Jahre später!

Lenné Das ist wohl wahr! Hier am Wasser befand sich vor meiner Zeit eine halbrunde Ausbuchtung, die als Anlegestelle für die herrschaftlichen Lustyachten diente. Damals endete hier die große Sichtschneise, die das Potsdamer Stadtschloss mit dem Sommerschloss Caputh verband. Ich ließ die Flächen des rechteckig ins Wasser hinausspringenden Gartenteiles jedoch mit Schutt auffüllen, wodurch sich die Fläche um mehr als einen halben Hektar vergrößerte. Um diesen besonderen Ort innerhalb des Parks hervorzuheben, ließ ich einen Rundplatz anlegen, an dem Pyramidenpappeln[9] gepflanzt wurden, die gerade noch den Blick zum Wasser frei ließen.

Einstein Mich als Segler würden noch mal die von Ihnen erwähnten Lustyachten interessieren: Meinen Sie solche wie die berühmte Prunkyacht »Liburnica«?

Lenné Ja, für solche Art Yachten war hier eine Anlegestelle. Der Wasserweg war für Könige damals sehr viel sicherer als der Landweg.

Einstein Fand nicht in Caputh auch ein Teil des legendären »Dreikönigstreffens« statt, zu dem auf Einladung König Friedrichs I. König August der Starke von Polen und König Friedrich IV. von Dänemark mit der »Liburnica« nach Caputh gesegelt kamen?

Lenné Genau. Das Dreikönigstreffen am 8. Juli 1709 war der Höhepunkt in Capuths Geschichte. Es wurde über eine Allianz gegen Schweden verhandelt, und nach dem Abschluss des Neutralitätspaktes, der kaum politische Bedeutung hatte, fand im barocken Garten ein prächtiges Fest zu Ehren der drei Monarchen statt.

Einstein Der preußische König nutzte diese glanzvolle Repräsentation des »Dreikönigstreffens«, um die noch junge preußische Monarchie als ebenbürtig im Kreise anderer Monarchen zu zeigen – sehr klug!

Lenné Nur überstiegen die Kosten die finanziellen Möglichkeiten des preußischen Staates, so dass der König einen Kredit bei einem Bankier aufnehmen musste!

Einstein Wenige Minuten von meinem Sommergrundstück entfernt befand sich auch eine Anlegestelle. Für mein »dickes Segelschiff«, meinen »Tümmler«! Wohlhabende Freunde hatten es mir großzügigerweise zum 50. Geburtstag geschenkt. Diesen Luxus habe ich sehr genossen! Die Stadt Berlin wollte mir zu diesem Geburtstag auch etwas Besonderes schenken!

Lenné Was denn?

Einstein Ein Haus! Man stellte mir anlässlich eben jenes Geburtstages ein Haus am See in Aussicht. Aber wegen dieser Schenkung kam es im Stadtparlament zu politischen Streitereien. Ich verzichtete dann auf dieses verunglückte Geschenk und kaufte mir Grundstück und Haus von meinem Erspartem. Das Häuschen in Caputh war eine Pleite, aber eine sehr schöne! Ich wollte immer ein Holzhaus haben. Als 13-Jähriger träumte ich allerdings von einem Baumhaus, aber ich wusste schon damals: Alles, was ich einmal in meinem Esszimmer wollte, waren: ein Kieferntisch, eine Bank und ein paar Stühle. Mehr nicht.

Lenné Wer entwarf Ihr Haus?

Einstein Der junge Architekt Konrad Wachsmann, der der Neuen Sachlichkeit verpflichtet war. Er verstand es, meine Wünsche umzusetzen und baute mir 1929 mein Blockhaus am Wald.

Lenné Wie gestalteten Sie den Garten?

Einstein Gar nicht! Eine Streuobstwiese befand sich im hinteren Teil – das genügte mir!

Lenné Na, wenn Sie mich damals schon gekannt hätten, ich hätte Ihnen da noch etwas anderes gezaubert!

Einstein Davon bin ich überzeugt!

Lenné Was passierte nach dem Krieg mit Ihrem Haus?

Einstein Das Desinteresse staatlicher Stellen der DDR an dem Haus ließen es immer mehr verfallen, bis es zu meinem 100. Geburtstag 1979 instand gesetzt wurde. Damals wurde es von der Akademie der Wissenschaften verwaltet, die es als Begegnungsort für Wissenschaftler nutzte. Nach der Wiedervereinigung wurde den Rückübertragungsansprüchen meiner Erben entsprochen, unter denen die Hebräische Universität Jerusalem der wichtigste war. Diese bestimmten das Potsdamer Einstein-Forum als Verwalter. Das Haus wurde saniert und wird seitdem wieder als wissenschaftliche Begegnungsstätte genutzt. Aber auch der Öffentlichkeit ist es zugänglich.

Lenné Der Park und das Schloss hier in Caputh sind ja mittlerweile auch für die Öffentlichkeit geöffnet.

Einstein Das ist auch gut so, denn nachdem kurzzeitig die Rote Armee das Schloss genutzt hatte, war hier ab 1947 eine Berufsschule mit Internat ansässig. Doch man ging nicht besonders pfleglich mit dem Anwesen um. 1995 übernahm dann die Stiftung Preußische Schlösser und Gärten Berlin-Brandenburg Schloss und Park und sanierte das Gelände sehr aufwendig.
Selbst einige der von Ihnen angelegten Wege wurden wieder instand gesetzt und führen uns heute erneut durch den Park!

Lenné Wege waren in meiner Arbeit immer sehr wichtig. Hier in Caputh ließ ich das barocke Wegesystem gänzlich auflösen, denn symmetrische Wege behagen mir gar nicht!
Ich liebe geschwungene Wege, denn dadurch entsteht eine harmonische Raumordnung. Zu meiner Zeit gliederten die Wege den Park in drei große Schleifen: in Richtung Lindenstraße, zum damals neugebauten Kavaliershaus und entlang des Parkgrabens. Ach, sehen Sie hier – man hat offensichtlich versucht, einige der von mir angedachten Blickbeziehungen zu rekonstruieren: Folgt man diesem Weg, muss man zwangsläufig auf das Schloss gucken. Geht man weiter, bleibt einem durch die Anpflanzung dieses Buschwerkes keine andere Wahl, als auf den See zu schauen!

Einstein Das ist großartig! Fast so etwas wie eine Regie! Blick-Regie!

Lenné Mir war es in meinen Parks immer sehr wichtig, dass der Spaziergänger sich den Wegen anvertrauen konnte und diese ihm ein Gesamtpanorama der Anlage und der Umgebung boten. Außerdem war durch die Vielzahl der Wege keine Wiederholung des Spazierganges nötig.

Einstein Faszinierend! Dieses Wegesystem erlaubt dem Betrachter dann ja den unendlichen Spaziergang!

Lenné Ja. Zumindest bleibt der Betrachter neugierig und der Garten geheimnisvoll.

Einstein Ja, das Schönste, was wir erleben können, ist das Geheimnisvolle.

Lenné Das Geheimnisvolle?

Einstein Es ist das Grundgefühl, das an der Wiege von wahrer Kunst und Wissenschaft steht. Wer es nicht kennt und sich nicht mehr wundern, nicht mehr staunen kann, der ist tot und sein Auge erloschen.

Lenné Wissen Sie, was ich mich frage? Wie es wohl ist, bei Sturm auf dem Templiner See zu segeln!

Einstein Viel kann uns nicht passieren! Probieren wir's doch aus!

Lenné Das ist eine vortreffliche Idee!

Einstein Hier, wir müssen nur meinen Tümmler aus dem Morast ziehen, dann können wir in den Sturm hineinsegeln!
Setzen Sie sich am besten auf diese Seite und nehmen Sie das Tau in die Hand. Genau – so! Jetzt schiebe ich uns an und – los geht's!

Lenné Das ist herrlich! Ich fühle mich großartig lebendig!

Einstein Ich halte den Tod ohnehin nur für eine optische Täuschung!

Lenné Ich habe in den vergangenen 163 Jahren nichts erlebt, wodurch ich mich annähernd wieder so lebendig gefühlt habe wie jetzt!
Vielen Dank für diesen großartigen Segeltörn, Herr Einstein!

Einstein Sehr gerne, Herr Lenné!

Jedes Alter hat eben doch seine schönen Augenblicke.

Lenné Hurra! Auf Wiedersehen, Caputh!

... aufgeschrieben von Grit van Dyk

Anmerkungen

1 Kumme, in der Seemannsprache und norddeutsch für Schüssel.

2 Friedrich Ludwig von Sckell (1750–1823), im Alter von 58 Jahren geadelt, war ein deutscher Gartengestalter, Begründer der »klassischen Phase« des Englischen Landschaftsgartens in Deutschland sowie Stadtplaner in München.

3 Johann Moritz Fürst von Nassau-Siegen, niederl. Johan Maurits van Nassau-Siegen, genannt: »Der Brasilianer«, (1604–1679), niederländischer Feldmarschall, geboren als Sohn des Grafen Johann VII. von Nassau-Dillenburg, entstammte er dem weitverzweigten Nassauer Fürstengeschlecht, von dem auch das Haus Oranien abstammte.

4 Andrew Carnegie (1835–1919) war ein aus Schottland stammender US-amerikanischer Industrieller und Stahl-Tycoon.
Geboren als Sohn eines Webers, wurde Carnegie zum reichsten Menschen seiner Zeit. Er war berühmt als Philanthrop und spendete insgesamt mehr als 350 Millionen US-Dollar, so z.B. für den Bau der Carnegie-Hall in New York.

5 Johann Bernhard Ferdinand Jühlke (1815–1893) war ein deutscher Gartenbau-Lehrer, Gartenbau-Autor und Gartengestalter.
Er zählte zu den Initiatoren der ersten Internationalen Gartenbauausstellung in Erfurt im Jahr 1865. Er lehrte an der Königlichen Landwirtschaftlichen Akademie in Eldena als akademischer Gärtner. Dort bildete er Studenten im Obstbau, in der Obstverwertung, im Baumschulbetrieb sowie in Aufzucht, Neuzüchtung und Verbreitung von für die klimatischen Verhältnisse Pommerns geeigneten Obst- und Gemüsesorten aus. Er verfasste zahlreiche Publikationen zum Gartenbau.
Im Jahr 1866 berief König Wilhelm I. Jühlke als Nachfolger von Peter Joseph Lenné zum Königlichen Hofgartendirektor und Leiter der Königlichen Landesbaumschule und Gärtner-Lehranstalt nach Potsdam.
Jühlke gestaltete neben den Königlichen Gärten und Gartenanlagen von Adligen auch Stadtparks und städtische Plätze.

6 Philipp de Chiese (auch Philippe de la Chiéze) (1629–1679) war Kammerjunker,

Baumeister und Generalquartiermeister im Dienst des Großen Kurfürsten Friedrich Wilhelm von Brandenburg. Zu den größeren Bauvorhaben zählen das Berliner und Potsdamer Stadtschloss, welches er von 1660 bis 1673 als Baumeister betreute und dort maßgeblich die Hauptfassade mit der grünen Treppe gestaltete.
Weiter war er mittätig an einem älteren Flügel des Berliner Münzgebäudes und an Festungsbauten in Küstrin, Stargard und Kolberg.

7 Broderie (französisch: Stickerei) ist ein Begriff aus der Gartenkunst des Barocks. Sie entstand in Frankreich um 1600 und wurde bis gegen 1770 verwendet.
Es handelt sich dabei um eine Ornamentik aus geschnittenen Buchs-Hecken.
Motive sind hauptsächlich Laubwerk und Bandelwerk, seltener Monogramme und figürliche Darstellungen.
Die Ornamente wurden mit farbigen Materialien (Kies, Splitt, Ziegelbruch, Glasscherben, Kohle etc.) ausgefüllt. So wurde eine Fernwirkung der Ornamente erreicht, die auch von den Gemächern in der Bel Etage (die schöne Etage) des Schlosses gut zu erkennen waren..

8 Ein Parterre (französisch par terre: zur Erde) bezeichnet in der Gartenkunst ein flaches, nur niedrig bepflanztes Gelände, das, meist durch eine Terrasse vermittelt, einem Gebäude vorgelagert ist. Es diente zu Repräsentationszwecken und als Bühne für Feste.

9 Pyramidenpappeln zeichnen sich durch eine säulenartige Wuchsform aus. Diese Gehölze bleiben also sehr schlank, können aber die Höhen von den »normalen« Vertretern der Art erreichen. Somit haben ausgewachsene Pyramidenpappeln einen Kronendurchmesser bis max. sechs Meter und eine Gesamthöhe von zwanzig Metern. Streng genommen ist der Begriff »Pyramiden-...« falsch, denn die Form ist eher ein Obelisk. In der Fachsprache hat sich jedoch dieser Ausdruck etabliert.

Das ganze Land ein Garten

Horst Schumacher

Der Gegenstand der Abhandlung

Ist Brandenburg ein Land der Parks und Gärten? Na klar, mag man denken! Oder etwa doch nicht? Immerhin sind in der von der UNESCO geführten »Liste des Kultur- und Naturerbes der Welt« (World Heritage List) seit 1991 für ganz Brandenburg lediglich eine Handvoll Parkanlagen im Zentrum der Potsdamer Kulturlandschaft verzeichnet, nämlich:

Sanssouci
Neuer Garten
Babelsberg
Sacrow (Gutspark mit Heilandskirche)
Pfaueninsel
Nikolskoe
Klein-Glienicke
Böttcherberg

Wollte man den Fokus ausschließlich auf dieses Weltkulturerbe richten, so, als erschöpfte sich darin das Potenzial an sehenswerten Parks und Gärten in dem heute ca. 29 500 km^2 großen Land Brandenburg, dann würde man einem fatalen Irrtum aufsitzen. Man hätte jede Chance vertan, auch diejenigen Parks und Gärten zu würdigen, die für die Entwicklung des Landes seit der Mitte des 17. Jahrhunderts, also innerhalb der zurückliegenden 350 Jahre, eine bedeutende Rolle gespielt haben. Explizit davon soll hier die Rede sein.

Begeben wir uns also auf eine Spurensuche, deren Ergebnis einen Aufschluss darüber geben soll, welchen Beitrag Parks und Gärten in Brandenburg für die kulturelle, die gesellschaftliche, die politische und die wirtschaftliche Entwicklung des Landes geleistet haben. Man greift nicht zu hoch, wenn man konstatiert, dass von den Parks und Gärten entscheidende Entwicklungsimpulse ausgingen, ohne die das von Natur aus nicht besonders begünstigte Land nicht diese reiche Blüte hervorgebracht hätte, die sich in einer spezifischen Rückblende offenbart. Somit entpuppt sich die Spurensuche als Versuch, in aller Kürze einen ins ganz Große greifenden zusammenhängenden Überblick herzustellen.

Wenn wir uns in diesem Werk mit der Vorstellung lediglich einiger Anlagen begnügen, so sei dennoch ausdrücklich angemerkt, dass diese nur einige wenige sein können aus der Zusammenstellung der insgesamt mehr als 300 Anlagen, die beispielsweise Paul Ortwin Rave in einer 1939 veröffentlichten Liste zusammengetragen hat; einige wenige auch nur von den heute noch bestehenden etwa 500 Gutshäusern und Schlössern mit ihren Parks und Gärten, die dem Bundesland Brandenburg eine regionale Identität geben. Von diesen seinerzeit verzeichneten Anlagen sind nicht mehr alle erhalten oder nicht alle in einem Zustand, der einen Besuch zu einem Genuss werden ließe. Denn die Verwüstungen während des Zweiten Weltkrieges sowie jene, die aufgrund der beschworenen wirtschaftlichen Erfordernisse des Braunkohletagebaus eintraten, und auch jene Verwüstungen, die aus der Weltanschauung der politisch Verantwortlichen der DDR resultieren, haben viele der Anlagen zerstört. Schon für den Kunsthistoriker Rave war es vor 70 Jahren nicht einfach, sie in einer Liste zusammenzustellen.

Residenzlandschaft

Mit dem Westfälischen Frieden 1648 wird nicht nur das Ende eines 30 Jahre währenden europäischen Religionskrieges mit all seiner Pein und Not bestimmt, es ist mit ihm für die Entwicklung Brandenburgs definitiv ein Neubeginn von außerordentlichen Ausmaßen verbunden. Vergegenwärtigen wir uns Situation und Zustand des Landes zu dieser Zeit: Wir finden ein ganz und gar erbärmliches Durchzugsland vor, geplündert und entvölkert;

die kleine Schar, die in Städten und Dörfern zurückgeblieben ist, wird von Hungersnöten und Krankheiten geplagt, die land- und forstwirtschaftlichen Kulturen sind ruiniert.

Aber mit Kurfürst Friedrich Wilhelm I. von Brandenburg (1620–1688), genannt der »Große Kurfürst«, regiert seit 1640 ein willensstarker Herrscher mit der Idee, das Land in der Mitte, das allseits von begehrlichen Kräften umgeben ist, neu zu festigen. Eine aus drei Komponenten zusammengesetzte Veränderung soll das bewerkstelligen: Als Erstes soll ein stehendes Heer einen eindeutigen Weg aus dem brandenburgischen Machtvakuum weisen. Dann soll die wirtschaftliche Potenz wieder erstarken; dafür wird eine spezielle Ansiedlungspolitik (»Peuplierungspolitik«) gewählt, nämlich die Öffnung Brandenburgs für Religionsflüchtlinge aus West und Ost. Das sollte sich bewähren, denn die neuen Bewohner sind nicht nur fleißig, sie sind auch geschickte Handwerker, die das Land dringend braucht. Und sie bringen ihre Kultur mit, die als Bereicherung willkommen ist, egal ob in kulinarischer Hinsicht oder beim Gesang in der Kirche. Als Drittes ist der Große Kurfürst um Omnipräsenz in seinem Land bemüht, also darum, eine Allgegenwart zu demonstrieren, die ihre Materialisierung erfährt im Ausstaffieren des Berliner Residenzschlosses mit seinen Sommer- und Nebenresidenzen, den Jagdparks, Lustgärten und Alleen, die weit ins Land hineingreifen.

Um- und Neugestaltungsmaßnahmen am Stadtschloss in Berlin beginnen noch vor dem offiziellen Ende des 30-jährigen Krieges. Dazu gehören auch Arbeiten am Lustgarten. Dieser umfasste ein Areal, das heute mit dem wiederhergestellten Lustgarten am Alten Museum und der angrenzenden Museumsinsel beschrieben werden kann. Vom Schloss aus nach Westen wird 1647 die heute als Straße »Unter den Linden« bekannte Anlage gepflanzt. Es handelt sich um einen repräsentativen Reitweg zu dem im Westen gelegenen Jagdpark, also von der Hundebrücke bis zur östlichen Grenze des »Thiergartens«. Die sechsreihige Allee war mit tausend Linden und Walnussbäumen bepflanzt, die aus Holland bezogen worden waren.

Der Große Kurfürst war durch Johann Moritz von Nassau-Siegen gut beraten für die Konzeption und Realisierung derart aufwendiger Landschaftsgestaltungsmaßnahmen. Dieser hatte in Kleve schon solche Ideen umgesetzt und war in Südamerika, in Brasilien, in leitender Funktion beteiligt am Aufbau von Recife und Mauritzstadt. Insofern überrascht es nicht, wenn in dieser ersten kurfürstlichen Periode nördlich und südlich der Linden-Allee auch zwei neue Stadtteile errichtet werden: Friedrichswerder und die Dorotheenstadt (benannt nach dem Großen Kurfürsten sowie seiner zweiten Gemahlin, Dorothea von Holstein-Glücksburg). Und es überrascht nicht, dass diese Stadtteile den Kolonialstädten der niederländischen Überseekolonien ähneln. Diese »kurfürstlichen Privatstädte«[1] stellen mit der ihnen eigenen Art der Regelmäßigkeit, wie ein Schachbrett ohne Zentrum, gleichsam den Beginn des modernen Städtebaus dar.

Der Große Kurfürst belässt die Idee von der Bildung eines Zentrums der Mittelmark nicht bei einer Konzentration von Bauaufgaben in Berlin, vielmehr werden für die Umsetzung eines logischen, innenpolitisch wohlbegründeten Programms in die Bau- und Planungstätigkeiten auch Oranienburg (1651–1655, Residenz der Kurfürstin Louise Henriette von Nassau-Oranien), Potsdam (1661–1670, Sommerresidenz) sowie Köpenick (ab 1678, Residenz des Kurprinzen Friedrich) einbezogen. Die Berliner Residenz als Zentrum des Landes wird folglich mit Nebenresidenzen umgeben, und zwar in der Form eines beinahe ebenmäßigen Dreiecks. »Alle drei Nebenresidenzen stehen in einem inneren Bezug zueinander. Sie verdichten die sichtbare Präsenz von Kristallisationskernen und exemplarischen Zonen fürstlicher Souveränität und Vollkommenheit zu einem zusammenhängenden System, in dem der Anspruch auf das Land fassbar wird. (...) Für alle drei Nebenresidenzen aber ist kennzeichnend, dass sie sich viel stärker auf die Einrichtung großer Gartenkomplexe und die Ordnung des landschaftlichen Umlandes ausrichten als auf eine Bezugnahme auf die (in unmittelbarer räumlicher Nähe gelegenen) bestehenden Stadtkerne. Die Schlösser werden zum Mittelpunkt großer Systeme von Gärten, Tierparks, Jagdwäldern, Reitwegen und Alleen, die zu ›Dependancen‹, kleinen Pavillons und Lusthäusern führen.«[2] Dabei hatten sie neben den reinen Repräsentationsaufgaben noch andere Ziele zu erfüllen. So ist beispielsweise vom Lustgarten in Bornim aus einem 1713 aufgenommenen Inventar bekannt, dass dort »(...) 1595 Obstbäume (wuchsen), hochstämmig oder an Spalieren gezogen: Aprikosen, Pfirsiche, Birnen, Äpfel, Kirschen, Pflaumen und Quitten, auch süße Kastanien, Walnüsse und Mandelbäume, außerdem Johannisbeerstämmchen, Schneeballblumenbäume und Mispeln.«[3] Solche Anlagen waren als Muster für Gartenbau und Landwirtschaft gedacht. An der Konzeption war in wesentlichen Aspekten wiederum Johann Moritz von Nassau-Siegen beteiligt, der von der Anstellung bildender Künstler, dem Erwerb von Kunstwerken und Büchern alles vermittelte und außerdem eigene Ideen zur Landschaftsgestaltung einbrachte. Entstanden sind großzügige Alleen, Sichtachsen, Obstplantagen, landwirtschaftliche Mustergüter, die von nun an die Umgebung der Residenzen prägten. »Auch auf einigen märkischen Adelsgütern, wie in den der Familie Dohna gehörenden Altlandsberg oder auf dem Hertefeldschen Besitz in Liebenberg, wurden derartige Konzepte einer umfassenden Landschaftsgestaltung verwirklicht. Ein solcher Musterbetrieb war auch das seit 1650 der Kurfürstin Louise Henriette gehörende Amt Bötzow (das spätere Oranienburg, Verf.), wo sich die Landesherrin um eine wohlorganisierte Milchwirtschaft, die Schafzucht, den Gemüsebau und die Blumenzucht verdient gemacht hat.«[4] Für alle drei Residenzen gilt, dass sie regelrechte Impulsgeber für die Ortsentwicklung waren und bis in die Gegenwart sind.

Kurfürst Friedrich III. von Brandenburg (1657–1713, reg. 1688, König Friedrich I. ab 1701), des Großen Kurfürsten Sohn, strebte nach königlichen Würden. So erklärt sich die Intensivierung von Planen und Bauen erst recht als eine Angelegenheit von repräsentativer, ja staatspolitischer Dimension. Bei Regierungsantritt setzte er zunächst das Werk seiner Vorgänger (seines Vaters und seiner Mutter Louise) mit dem begonnenen Werk in Oranienburg, die Gestaltung landschaftlicher Flächen, fort. Danach »(...) setzte er durch völlig neue Anlagen auch bald eigene Akzente: 1691 folgte der Erwerb von Schönhausen, 1693 der Erwerb von Tegel; 1694/95 schlug Friedrich III. der Kurfürstin Sophie Charlotte Malchow oder Weißensee vor (Malchow erwarb er dann 1704, nachdem die Kurfürstin auf seine Vorstellungen nicht eingegangen war); 1697/98 schließlich wurde Rosenfelde übernommen, das den Namen Friedrichsfelde erhielt; es folgten endlich noch Blankenfelde und Rosenthal.«[5]

Wiederum lässt sich die Konzeption erkennen, nämlich »den Landschaftsraum mit einem Netz von ›Stützpunkten‹ der ›fürstlichen Sphäre‹ zu überziehen. (…) Im Gegensatz zur Strategie des Großen Kurfürsten aber werden diese Stützpunkte immer näher an die Hauptresidenz herangerückt. Sie bilden hier schließlich einen recht eng um das Schloss und das bürgerliche Zentrum geschlossenen halben Ring«[6]. Die Strategie ist klar: Zu dem bereits vorhandenen landesherrlichen Besitz westlich des Berliner Schlosses werden landesherrliche Besitzflächen im Osten hinzugefügt. Durch die zahlreichen Lustschlösser und -gärten war die gesamte Umgebung des Schlosses unübersehbar mit Markierungspunkten fürstlicher Souveränität abgesteckt. »Die gesamte Umgebung des alten bürgerlichen Zentrums wurde durch Zeugen landesherrlicher Präsenz besetzt. Sie wurde stilisiert zum Umland der Hauptresidenz, des zukünftigen Königsschlosses. Es kam hier zum ersten Mal ein klarer Zentralisierungsgedanke zum Ausdruck, der auf eine rein abstrakt vollzogene Ordnung begrenzt war (d.h. ohne dass wirkliche Verbindungen wie Achsen oder Alleen vorgesehen worden wären); diese Idee ist aber nur verständlich als programmatische Verkörperung zukünftiger Königswürde.«[7]

Bemerkenswert ist, dass Kurfürst Friedrich III. Bauprojekte im Binnenland etablierte, die also verkehrstechnisch nur auf dem Landweg erreichbar waren. Das war durchaus noch keine Selbstverständlichkeit. Die Projekte seines Vaters waren alle über Wasserwege erreichbar, und das bedeutet, dass sie eine zum Wasser hin orientierte Ausrichtung hatten, anders gesagt: dass sie vom Wasser aus eine schöne Ansicht darstellten.

Charlottenburg passte nicht lückenlos in das Konzept des Königs in spe, der seine Ziele östlich der Stadt abgesteckt hatte. Das Projekt seiner zweiten Gemahlin Sophie Charlotte stimmte damit schon wegen der Wahl des Standortes für Lützenburg nicht überein. »Sie rückte das Projekt Lützenburg, jedenfalls für den Entstehungszeitpunkt 1694/95, aus dem eigentlichen Planungsgeschehen heraus und stellte es im wahrsten Sinne des Wortes ins Abseits.«[8] Außerdem ist Charlottenburg, das umbenannte Lützenburg, auch im Hinblick auf die Parkanlagen im französischen Stil gehalten.

Die landschaftsarchitektonische Erscheinung des kurfürstlichen Machtzentrums der Mark unterscheidet sich grundsätzlich von der Idee, die der junge französische König Ludwig XIV. ab 1661, also in der gleichen Epoche, realisieren ließ. In Versailles herrscht die »Politik des Blicks«[9], dort konzentriert sich alles gleichsam auf einen einzigen Punkt; so weitläufig die Anlagen auch sein mochten, so sehr forderte der König als »roi soleil«, und mit dem Anspruch »L'État c'est moi!«, dass sich die gesamte Aufmerksamkeit in seiner Person und seinem Aufenthaltsort konzentrierte. Den brandenburgischen Kurfürsten aber ging es nicht um die Fokussierung eines Machtzentrums in einem Punkt, dem herrschenden König, der auch Gott ist in jener Zeit, sondern um die Darstellung derjenigen Flächen, die sie als Herrschaftsgebiet beanspruchten, die sie wiederbesetzt hatten; sie legten ein großes Netzwerk aus, mit axialen Bezügen, die weite Teile des Landes miteinander verspannten und nicht selten durch gepflanzte Alleen auch sichtbar wurden, wenngleich den Achsen und Alleen nicht immer primär eine verkehrstechnische Funktion zugrunde lag. Die Knoten des Geflechts, um im Bild zu bleiben, sind Orte, in denen der Landesherr sitzt, die ihn als uneingeschränkten Herrscher ausweisen. »Durch das Allee- und Achsennetz wird das ganze Land als sein Garten interpretiert. Die gesamte Gestaltung spielt also auf sein Fürstentum an und beansprucht für dieses gleichzeitig und unumstößlich die uneingeschränkte Herrschaft.«[10]

Innere Kolonisation

Friedrich Wilhelm I., der Soldatenkönig, fand keinen Gefallen an umfangreichen und der Repräsentation dienenden Bauprojekten, wie sein Vater sie initiierte. Er sah darin eine Verschwendungssucht, die er missachtete. Seine Leidenschaft galt der Jagd, was zur Festigung und Erweiterung von königlichen Jagdgebieten führte. Weil das große Jagdgebiet um Königs Wusterhausen immer nur mit erheblichem Zeitaufwand erreichbar war, ließ er in der Nähe von Potsdam die Parforceheide einrichten. In der Tradition der Zeit erhielt dieses Jagdgebiet eine Sternanlage, bestehend aus prächtigen Alleen und Sichtschneisen, die noch lange nach seinem Tod Bestand hatten. Im Zentrum dieses Sterns ließ er ein kleines Jagdschloss errichten, beschaulich und im holländischen Stil als Backsteinbauwerk. Es war das einzige Schloss, das er sich während seiner 27-jährigen Regierungszeit gönnte, und es steht heute noch dort, wenngleich in nicht mehr adäquater Umgebung.

Die andere Leidenschaft des Soldatenkönigs waren »seine« langen Kerls, übergroße Burschen, die in eine Sondereinheit der Armee rekrutiert wurden. Überhaupt ließ der König zur ständigen Ertüchtigung und Disziplinierung der Soldaten viele Exerzierplätze anlegen. Ohne Hemmung opferte er dafür auch die königlichen Lustgärten an den Schlössern in Berlin und Potsdam. Doch obwohl er die Größe seines Heeres stark ausbaute, hat der Soldatenkönig keinen einzigen Krieg geführt!

Das Preußen des 18. Jahrhunderts ist geprägt von Vorgängen, die am besten mit »innere Kolonisation« bezeichnet werden können. Es gilt, ein Land urbar zu machen, und das heißt, riesige Flächen von Sumpfland für eine landwirtschaftliche Nutzung trockenzulegen. Für weite Landstriche bedeutet Melioration vor allen Dingen eine Entwässerung großer Feuchtgebiete, was letztlich auch zu einer verkehrlichen Erschließung des Landes mit Wasserwegen führt. Viele Orte sind im 18. Jahrhundert neu gegründet, viele Herrenhäuser und Schlösser samt dazugehöriger Gärten neu errichtet worden. Davon, also von einer klar erkennbaren barocken Formensprache, ist heute nicht mehr viel erlebbar, denn Modetrends, eine einsetzende Verarmung des Adels samt Eigentumswechsel in großem Umfang und mehr verfügbare Geldmittel bei den bürgerlichen Eigentümern haben im 19. Jahrhundert zu teilweise umfassenden Veränderungen und Überformungen geführt.

Wie zu seiner Zeit schon der Große Kurfürst, haben auch der Soldatenkönig und Friedrich der Große es tunlichst vermieden, den Adel in der Residenzstadt zu binden. Sie haben es also vermieden, es dem berühmten Franzosenkaiser (Ludwig XIV. in Versailles) gleichzutun, und das mit Bedacht. Preußens Innenpolitik setzt offenbar auf einen starken Landadel, der gegen Ende des 18. Jahrhunderts aber auch längst überfällige Reformen unterdrückt. So auch der bis 1786 regierende Friedrich II.

Kaum war dieser König an der Regierung, ging es schon in den Krieg! Die Auseinandersetzungen um Schlesien sollten ihn insgesamt 23 Jahre lang (1740–1763, Etappen des Schlesischen Kriegs: 1740–42, 1744–45, 1756–63) beschäftigen, wenngleich nicht ohne Unterbrechung. Die siegreiche Unternehmung machte Preußen groß, denn die Annexion Schlesiens sicherte ihm eine Großmachtstellung in Europa und adelte schon zu Lebzeiten seinen Namen mit Friedrich der Große!
Schlesiens Bedeutung sollte sich nicht nur in seinen reichen Bodenschätzen und dem berühmten Weberhandwerk erschöpfen, später sollte aus Schlesien auch ein bedeutender Beitrag zur Gartenkultur kommen. Das Hirschberger Tal mit Hirschberg, dem heutigen Jelenia Góra als Hauptstadt, beschreibt sich heute als das »schlesische Elysium«[11] und diente im gesamten 19. Jahrhundert immer wieder den preußischen Königsfamilien für Sommeraufenthalte.

Unterschiedlicher hätten Vater und Sohn kaum sein können: Während der Soldatenkönig als amusisch, tyrannisch und derb dargestellt wird, gibt es vom Sohn, dem Kronprinzen Friedrich II., das Bild des Flötenspielers, der komponiert und philosophische Texte verfasst. Einen die Geisteshaltung und den Charakter ausdrückenden Zug mag man aus dem Namen, den der Kronprinz seinem ersten Garten in Neuruppin gab, herauslesen. Nach seinem gescheiterten Fluchtversuch nach England (1730) durch massive Intervention beim König, der zuerst nicht einmal vor dem Verhängen der Todesstrafe zurückschreckte, doch rehabilitiert, wird der Kronprinz 1734 Chef eines Regiments, dessen erstes Bataillon in Neuruppin lag. Hier nahm er seinen Wohnsitz und begann unverzüglich mit der Anlage eines Gartens, den er sein Amaltheia nannte. In der griechischen Mythologie ist das die Ziegennymphe, die den jungen Zeus mit Milch versorgt. Zum Dank setzt dieser ihr Bild als Zeichen des Steinbocks in den Sternhimmel. Ihr Attribut ist das einem Kuhhorn ähnliche Füllhorn, das Horn des Überflusses. Das war wohl auch die Intension des Gartens: ein Ausdruck der Fülle zu sein. Er lag bei den Bürgergärten, die ab 1729 anstelle der beräumten Wallanlagen entstanden. Ein Teil der mit Ulmen, Eichen, Buchen und Haselnuss bestandenen, in der Nähe seines Gartens gelegenen Wallanlagen blieben auf Wunsch des Kronprinzen erhalten, ja er ließ sie sortenreich mit weiteren Bäumen bepflanzen, »so dass sie zum angenehmsten beschatteten Spaziergang voll Nachtigallen geworden sind«.[12]

In Rheinsberg, das der Soldatenkönig 1734 für den Kronprinzen erworben hatte, begannen die ersten Arbeiten für den neuen Garten im folgenden Frühling mit dem Pflanzen von Obstbäumen und Weinreben. Für die Entwicklung der Gartenanlage von Rheinsberg blieben dem Kronprinzen noch sechs Jahre, bis er selbst König werden und die Regierung übernehmen sollte. Danach orientierte er sich konsequent nach Potsdam. Am 10. August 1744 erging der Kabinettsbefehl zum Bau der Terrassenanlage von Sanssouci; die Maurerarbeiten sind bereits ein Jahr später abgeschlossen. Erneut sind es Weinreben und Obstbäume, die den charakteristischen Zug der Anlage bestimmen. Der gläserne Berg hat Seltenheitswert, obwohl die Terrassenanlage kein singuläres Kunstwerk seiner Zeit ist.

Ein anderer Terrassengarten, der heute im wiederhergestellten Klostergarten in Neuzelle[13] zu erleben ist, wurde fast zu gleicher Zeit gebaut. Dieses Zisterzienserkloster ist zwar lange zuvor schon, im 13. Jahrhundert

(1268), gestiftet worden, hat aber verschiedene bauliche Erweiterungen und Überformungen erfahren, so auch die Neuanlage eines Abt-Gartens mit den markanten Geländeterrassen, die etwa um 1750 fertiggestellt waren. Der Klostergarten von Stiftung Stift Neuzelle ist heutzutage die einzige erhaltene barocke Klostergartenanlage in Brandenburg. Dieses Kloster befindet sich in nur drei Kilometern Entfernung zum Fluss an einer Hangkante des Odertals. Die etwa 12 bis 15 Meter hohe Hangkante wird mit Terrassen inszeniert, auf denen im Sommer in architektonischer Anordnung Orangen und Zitronen stehen; am Hangfuß ist ein Parterregarten angelegt, oben auf dem Hochplateau existiert eine großzügige Hofanlage mit den Klostergebäuden, der Kirche und Wirtschaftstrakten.
Auffallend ist, dass die bauliche Realisierung der Terrassen von Sanssouci und Neuzelle auch genau in den Zeitraum fällt, in dem die Terrassenanlage des Zisterzienserklosters Kamp realisiert worden war. Es hat sogar Spekulationen darüber gegeben, ob sich der junge König Friedrich II. in Kamp eine Anregung für sein Sanssouci geholt habe, als er im Sommer 1740 im Klevischen weilte, um sich auf Schloss Moyland mit Voltaire zu treffen. Das hat sich wohl nicht bestätigen lassen.[14]

Zeit der großen Reformen

Die erste Zeit nach dem Tod Friedrich des Großen im Jahre 1786 bedeutet für das Land einen regelrechten Szenenwechsel. Allenthalben waren Reformen dringend geworden, für die Belange der Landwirtschaft allemal! Friedrich II. regierte das Land 46 Jahre lang, anfangs durchaus getrieben von der Idee, eine fortschrittliche Entwicklung auf den Weg zu bringen – mit Erfolg, was man von den späten Jahren nicht mehr sagen kann.

Schon 1774, zwölf Jahre vor dem Tod Friedrichs des Großen, hat in Wörlitz Fürst Leopold III. Friedrich Franz von Anhalt-Dessau mit dem ersten klassizistischen Bauwerk auf dem europäischen Festland ein Zeichen für den Wechsel und den Beginn einer neuen Epoche gesetzt. Es war das Schloss seiner Sommerresidenz, das von Parkanlagen im englischen Stil umgeben war; diese waren weder eingefriedet noch abgeschlossen. In die Parkanlagen ist auch ein Feld von beträchtlichen Ausmaßen integriert. Es verweist immer noch auf die Idee, das kleine Fürstentum an der Elbe insgesamt als einen großen Garten zu verstehen, dessen einzelne Partien von fließenden Übergängen geprägt waren. Die landwirtschaftlich genutzten Felder weisen in Bezug auf die Parkanlagen lediglich andere Nutzungsschwerpunkte auf. So findet die Parkidee in den geschmückten Landwirtschaftsflächen als ornamented farm eine thematische Fortsetzung, die bis nach Dessau hinüberreichte. In diesem Gartenreich sollte das Schöne mit dem Nützlichen eng verbunden im Einklang stehen.

Wie kaum in einer Zeit zuvor sind die Jahrzehnte um 1800 geprägt von Reformen in der Landwirtschaft. Das Land wurde nicht mehr nach den Regeln der mittelalterlich geprägten Dreifelderwirtschaft bestellt, sondern nach den Regeln einer rationellen Landwirtschaft. Dazu gehörte auch eine umfassende Flurneuordnung. Ohne Flurzwang und Brachfläche wurden neben den traditionellen Feldfrüchten mit neuen Anbaumethoden neue Kulturpflanzen erprobt, beispielsweise Klee, dessen Kultur der Fürst auf einer Englandreise kennengelernt und gleichsam als Souvenir mitgebracht hatte. Die Straßen waren mit Obstalleen bepflanzt, ausgedehnte Hecken und Gebüsche gliederten die Landwirtschaftsflächen nicht nur, sie schützten und schmückten sie auch. Die für die Entwicklung des Landschaftsbildes wohl weittragendste Neuerung aber geht von einer ganzheitlichen Betrachtung und intensiven Nutzung des gesamten Anwesens aus.

Des Öfteren kam Friedrich Wilhelm II. bereits als Kronprinz zu Besuch, und als er König war, engagierte er den jüngeren Landschaftsarchitekten der Wörlitzer Anlagen, Johann August Eyserbeck (1762–1801), für sein Projekt des Neuen Gartens in Potsdam am Heiligensee. Mit der Anlage des Neuen Gartens hält die Idee der ornamented farm auch in der preußischen Königsfamilie Einzug, und es wird in Potsdam wieder der »state of the art« erreicht. Bemerkenswert sind die in den Park integrierten Felder, die, wie in Wörlitz, ein Beispiel einer ornamented farm zeigen. Wie in Wörlitz gibt es im Neuen Garten auch eine Meierei. Aber im Gegensatz zu den Dessau-Wörlitzer Anlagen gibt es sehr wohl eine Einfriedung rund um den ganzen Park.

Bemerkenswert ist vor allem das Stück Chausseemuster, nach dessen Beispiel das Teilstück Potsdamer Chaussee zwischen Zehlendorf und Potsdam als ein Abschnitt der Chaussee von Königsberg nach Aachen, der späteren Reichsstraße 1 und heutigen Bundesstraße 1, errichtet worden war. Der Architekt Carl Gotthard Langhans hat nicht nur das Brandenburger Tor in Berlin konzipiert, er war auch mit dem Bau der Chaussee beauftragt, die um 1790 fertiggestellt wurde.[15] Um diese Chaussee zu markieren und zu beschatten, wurde sie mit Pyramidenpappeln bepflanzt, über die Peter Joseph Lenné später (1824) klagen und Vorschläge für eine gestalterische Verbesserung unterbreiten wird.[16] Später sind diese Alleen im Park und in der Landschaft durch andere Baumarten ersetzt worden.

Vom Marmorpalais aus gibt es eine etwa vier Kilometer lange Sicht zum Schlösschen auf der Pfaueninsel; diese Sichtverbindung ist nahezu gleich lang wie die mehr als 100 Jahre ältere Sicht vom Potsdamer Stadtschloss über den Templiner See zum Schloss in Caputh, die heute durch den Eisenbahndamm stark eingeschränkt ist.

Auf der Pfaueninsel findet die Idee einer ornamented farm eine Fortsetzung, denn auch dort werden Felder und Wiesen in die Parkanlagen integriert und eine Meierei wird errichtet. Das Schlösschen ist für die Fernsicht vorgesehen, ein Staffagebau in der Weise einer romantischen Ruine. Es dient dem Aufenthalt des Königs und seiner Mätresse. Im Turm existiert ein Zimmer mit Ausmalungen, die in eine Südseetraumlandschaft entführen. Damit soll die Idee eines Idealstaates thematisiert werden, wie es als Utopie von Otahiti übermittelt worden war.

Fast zeitgleich mit den Anlagen auf der Pfaueninsel ist kurz vor 1800 durch den Kronprinzen und späteren König Friedrich Wilhelm III. das große Umbauprojekt in Paretz gestartet worden. Es ging in diesem Fall nicht lediglich um eine Um- und Neugestaltung eines ländlichen Schlösschens mit den dazugehörenden Gartenanlagen, vielmehr umfasste die Konzeption die Neuanlage des gesamten Dorfes. Wie in Steinhöfel haben die Architekten Vater und Sohn Gilly ein märkisches Musterdorf entwickelt, das nach den Regeln der rationellen Landwirtschaft funktionieren und hinsichtlich seiner Erscheinung den gehobenen ästhetischen Ansprüchen genügen sollte.

Ornamented farms im Verbund, das Märkische Gartenbüchlein

Einige Zeit bevor Friedrich Wilhelm II., der Neffe Friedrichs des Großen, sich mit den Anlagen des Neuen Gartens neu, d. h. zeitgemäß positionieren konnte, haben noch zu Lebzeiten des Königs Friedrich der Große einige Rittergutsbesitzer im Gebiet des heutigen Naturparks Märkische Schweiz sich den Ideen der neuen Zeit verpflichtet und ein erstaunliches Gemeinschaftswerk errichtet.

Eng verbunden mit der Idee der ornamented farms ist die Vorstellung, ja »der Traum von einem Lande als einem großen Garten, wo Felder und Forsten, Weiden und Wiesen, Wälder und Äcker ihren Platz und Sinn im Ganzen haben würden«, so erklärt Paul Ortwin Rave schon 1940 den Kerngedanken eines Märkischen Gartenbüchleins[17] von 1790. Was in diesen Jahrzehnten unter dem Begriff der »Landesverschönerung« zu verstehen war, lässt sich am Beispiel von drei Persönlichkeiten, die im damaligen Kreis Oberbarnim deutlich ihre Spuren hinterlassen haben, anschaulich erklären; es handelt sich um Leopold von Reichenbach, Helene Charlotte von Friedland und Albrecht Daniel Thaer.

Leopold von Reichenbach (1745–1831) war nicht nur langjähriger Landrat im Oberbarnimschen Kreise, er hat sich auch als Schriftsteller betätigt und war in Bezug auf die märkische Gartenkunst wohl einer der bedeutendsten Chronisten. In dem eben erwähnten Märkischen Gartenbüchlein von 1790 wird der Garten des Grafen von Schmettau in dem auf halbem Wege zwischen Strausberg und Buckow (seit langem Hauptstadt der Märkischen Schweiz) liegenden Garzau ausführlich gewürdigt. Der Verfasser dieser Beschreibung einer großartigen ornamented farm auf märkischem

Boden nennt die Anlagen einen »Garten im guten und verbesserten Geschmack«, was einen Hinweis auf den darin enthaltenen Reformgedanken gibt, nämlich die Umsetzung einer neuen Theorie für die Garten- und Landschaftskunst. Diese enthält eine radikale Abwendung von barocken Gestaltungsprinzipien; die gestalteten Partien sollen ein natürliches Aussehen haben, ohne geschnittene Hecken, sondern mit frei wachsenden Sträuchern, Bäumen und Blumensäumen. Indem das Schöne aus einem Nützlichkeitsgedanken abgeleitet wird, sind sämtliche bewirtschafteten Flächen eines Anwesens, also auch die land- und forstwirtschaftlichen Nutzflächen, als Bestandteil in die gestalteten Anlagen integriert. Wichtigster Impulsgeber für diese neue Garten- und Landschaftskunst war der in Kiel lehrende Philosophieprofessor C.C.L. Hirschfeld, der zwischen 1780 und 1785 eine fünfbändige Theorie der Gartenkunst veröffentlichte. Ihm ist das Märkische Gartenbüchlein gewidmet; darin wird am ausführlichsten Garzau beschrieben. Hirschfelds Bücher gehörten seinerzeit als unentbehrliche Werke in jede fortschrittlich sortierte Bibliothek. Auch bei den Gutsbesitzern in der Märkischen Schweiz fehlten sie nicht. Die ausführliche Beschreibung von Garzau im Märkischen Gartenbüchlein ist dem besonderen Wirken des Grafen Schmettau zu verdanken.

Schmettau ist wohlbekannt wegen seines Kartenwerks, der topografischen Landesaufnahme Preußens im Maßstab 1 : 50 000. Das vermessungstechnisch-kartografische Denken dieses Bauherrn zeigt sich nirgendwo besser als in den landschaftlich anmutigen Partien des Gartens in Garzau. Schmettau nutzte ein Rinnsal von Fließgewässer, das er durch geschickte Wahl des Ortes und maßvolle Geländemodellierung zu einer Seenlandschaft erweiterte. Obwohl verlandet und versumpft, ist diese Gestaltungsidee auch heute noch spürbar. Alleen säumen die Wege in die nächsten Ortschaften und in die Feldflur. Von etwas höher gelegenen Punkten aus gibt es wunderschöne Sichten in die Landschaft und auf die Silhouette malerischer Orte in der Nachbarschaft. (Wir haben uns dazu entschlossen, den Park von Garzau nicht mit einem Dialog zu versehen.

Nicht weil die Parkanlagen nicht sehenswert wären, vielmehr weil dort zurzeit noch im Zuge begonnener Wiederherstellungsarbeiten eine allgemeine Baustelle vorgefunden wird. Hoffen wir gemeinsam, dass sich das bald ändert.)

Für viele Partien mag das damals schon gut besuchte, gerade zehn Jahre alt gewordene Gartenreich des Fürsten Franz in Dessau-Wörlitz Pate gestanden haben. Und doch – welch ein Unterschied! Während das Dessau-Wörlitzer Gartenreich das grandiose Werk eines einzelnen Fürsten darstellt, finden wir Garzau in einem Netzwerk verknüpft, dem noch etliche der benachbarten Güter angehören. So erfahren wir von Leopold von Reichenbach, dass auch die Gutsbesitzer von Prötzel, Mon Choix (das ist Harnekop), Haselberg, Kunersdorf, Steinbeck (Gutsherr ist L. v. Reichenbach), Quilitz (das ist Neuhardenberg) und mehrerer anderer Orte sich der neuen Gartenkunst verschrieben hatten. Er erwähnt weitere Güter, die wegen ihrer geografischen Lage nicht unmittelbar zu diesem Netzwerk gehören können: Boitzenburg (in Mecklenburg), Tammsel (heute in Polen, östlich von Küstrin gelegen) und Madlitz (zwischen Fürstenwalde und Frankfurt/Oder). Schon 1788 beschreibt v. Reichenbach die zu Garzau unmittelbar benachbarten Güter ausführlich (also Prötzel, Sternebeck, Mon Choix, Haselberg, Steinbeck), wobei er die Form der damals üblichen Lehrgedichte wählte[18]. Zieht man eine ältere topografische Karte zurate, ist unschwer die gemeinsame Anstrengung der Gutsbesitzer ablesbar: die Idee, das ganze Land in einen Garten zu verwandeln.[19]

Neue Landwirtschaftsideen. Albrecht Thaer

Im Jahre 1799 konnte Albrecht Daniel Thaer (1752–1828) mit Frau von Friedland, dieser energischen Frau, eine für ihn sehr wichtige Bekanntschaft machen und durch sie wohl auch alle ihre Gutsnachbarn kennenlernen. Diese Erfahrung war ihm ein Beweggrund, 1804 vom niedersächsischen Celle ins brandenburgische Möglin umzusiedeln, wo er in den nachfolgenden Jahren ein bedeutendes landwirtschaftliches Mustergut etablieren konnte. Möglin liegt in der Mitte zwischen den Gütern, die L. v. Reichenbach beschrieben hat, und denjenigen Gütern, die Frau von Friedland bewirtschaftete. Dort hat Thaer sein Konzept einer rationellen Landwirtschaft umgesetzt und die daraus gewonnenen wissenschaftlichen Erkenntnisse durch einen Akademie-Unterricht zu verbreiten gesucht. Seine unschätzbaren Erfahrungen hat er in einer ganzen Serie von Publikationen dokumentiert und verbreitet. »Sein größter ökonomischer Erfolg wurde die Merinoschafzucht. Insbesondere im Zuge der feinwolligen Schafzucht kam das Prinzip von der Schönheit des Nützlichen sowohl bei Thaer als auch in seinem näheren und weiteren Umfeld und schließlich darüber hinaus in fast allen wichtigen Schafzuchtgebieten Deutschlands in der ersten Hälfte des 19. Jahrhunderts zum Tragen.«[20] Schafzucht als Schwerpunkt der landwirtschaftlichen Unternehmung führt notwendigerweise zur Koppelwirtschaft. Im Sinne des Landschaftsbildes angesprochen, ist das eine offene Weideflur mit baumbestandenen Triftzügen und locker verteilten großkronigen Schattenbäumen, unter denen die Herden lagern können. Mit Bedacht wurde überall auf feine Rasenplätze geachtet, damit die Wolle nicht unnötigerweise verschmutzt werde. Es ist das geradezu idealtypische Bild einer bukolischen Landschaft, auch Arkadien genannt. Herbert Pruns, der wohl gründlichste Kenner der ornamented farms, erklärt Thaers Werk folgendermaßen: »Bei seinem vielfältigen Streben nach landwirtschaftlicher Rationalität und betriebswirtschaftlicher Rentabilität vergaß Thaer Zeit seines Lebens nicht, auch die ästhetische Seite des Betriebes zu beachten und zu pflegen. Auch er legte in Möglin Hecken und Alleen an, erneuerte und erweiterte den Gutspark und sanierte die Gutskapelle.«[21]

Das weithin sichtbare Bild dieser Errungenschaften zeigt sich in einer entwickelten Kultur der Landschaftsgestaltung, in der kein Fleckchen Erde ausgelassen wird. So berichtet Thaers Biograf über das Gut Haselberg und seinen Besitzer, dass er gezeigt und bewiesen hätte, wie man den wüsten und steinigen Boden der Mark durch Intelligenz und beharrlichen Fleiß in fruchtbares Land verwandeln könne. »(...) die Zugänge und Umgebungen der Gehöfte (gewährten) durch schöne Alleen, Rasenstücke, Baumgruppen und reinlich gehaltene Wege, den schönsten Eindruck behaglicher Gastlichkeit. Kein Fremder ließ dieses Gut unbesucht, und wenn man die damals noch öden, stoppelartigen, mit Steinen und wildem Gestrüpp bedeckten Felder der Umgegend durchwandert hatte und nun hier diese Getreidesaaten, diese Kleebreiten, diese Viehherden sah, erschien einem die Schöpfung dieses Mannes wie ein hierher gezaubertes Paradies«.[22]

Das ganze Land ein Garten

Die Epoche des 19. Jahrhunderts ist geprägt durch die Entwicklung der Landschaftsgärtnerei, die im kontinentalen Europa eine ähnlich bedeutsame Blüte der Gartenkunst hervorgebracht hat wie im Entstehungsland dieser Kunstform, der Insel Großbritannien. Für Brandenburg stehen zwei Namen von Persönlichkeiten, die diese Gartenkunst in Hochform gebracht haben: Peter Joseph Lenné (29. 9. 1789–23. 1. 1866) und Fürst Hermann von Pückler-Muskau (30. 10. 1785–4. 2. 1871). Es sind die Namen zweier Personen, deren Werke heute wieder große Achtung genießen, einerseits weil sie in der Literatur und sogar in der Tagespresse entsprechend gewürdigt werden, andererseits weil die durch ihr Mitwirken entstandenen Parks und Gärten durch gartendenkmalpflegerisches Engagement heute wieder erlebbar sind – sei es von Besuchern in der Freizeit, sei es von Fachbesuchern. Wir, die wir diese Parks und Gärten fast 200 Jahre nach ihrer Anlage besuchen und bewundern dürfen, finden eine Situation vor, die jene Gartenkünstler nur als Vision vor Augen haben konnten. Selbstverständlich haben sie damals von Baumskulpturen und Gehölzmassen geträumt, aber erleben konnten sie nicht, was sie initiiert haben. In diesen Genuss kommen wir jetzt, uneingeschränkt der Tatsache, dass die Anlagen selten noch absolut der Situation zur Zeit vor 200 Jahren entsprechen.

Mit Lenné und Pückler begegnen wir aber auch zwei Persönlichkeiten, die einander nicht sehr geschätzt haben – im Gegenteil. Pückler konkurrierte mit Lenné, gewann an Möglichkeiten der Einflussnahme, manchmal auch die Oberhand. Das ist bekannt vom Babelsberger Park, desgleichen vom Glienicker Park, bevor Prinz Carl dort residierte, denn der Staatskanzler Karl August von Hardenberg weilte dort, und Pückler war mit dessen Tochter Luciee verheiratet. Gleiches trifft für Neuhardenberg zu, das der Staatskanzler seit 1814 besaß.

Der Kontroversen ungeachtet, treibt beide das gleiche Anliegen: die Idee einer neu gestalteten Landschaft in einem ganz großen Rahmen in die Tat umzusetzen, wie das im Übrigen die Landesverschönerungsprogramme einiger deutscher Staaten, z.B. Bayern[23], im Sinne einer modernen Landesentwicklung vorsahen. Diese Idee findet sich in der spezifischen Literatur in England schon etwa 50 Jahre früher:

»(...) wie vorhandene Waldflächen durch bloßes geschicktes Hindurchführen einiger Wege und gelegentliches Oeffnen und Schließen des Saumes eine große Mannigfaltigkeit hervorbringen, und unendlich genußreicher sein können als die meist konfusen Pflanzungen in den Gärten, und daß ganz England, welches einen Ueberfluß an traurigen unfruchtbaren Gemeindewaiden und Wildnissen habe, welche besonders nahe der Hauptstadt nur dazu dienen der Landschaft ein unkultiviertes Ansehen zu geben, nichts destoweniger in einen einzigen großen nur von der See begrenzten Garten verwandelt werden könne, indem jeder seine Besitzungen wie angedeutet verbesserte, und jene wüsten Flächen, welche im Großen und Ganzen unmöglich zu verschönern sind, im Charakter des Schauerlichen, oder in vortreffliche Gemälde erhabener Gattung umwandelte, um durch sinnigen Contrast die Wirkung freundlicher und reicher Prospekte zu verstärken«.[24]

Nach 1813/14, nach den teilweise vernichtenden Niederlagen der napoleonischen Armeen und dem Ende der Herrschaft Napoleons I. über Europa, brach für Preußen ein neues Zeitalter an. Gewiss, das Land war wieder einmal ausgezehrt, die Menschen waren verarmt, aber doch nicht ohne Euphorie, das Neue zu wagen.

Bereits ein Jahr nach dem Wiener Kongress wurde in Potsdam-Sanssouci die Stelle des Königlichen Gartendirektors neu besetzt, und zwar mit

Peter Joseph Lenné, der von 1816 bis 1866 dort seinen Dienst verrichtete und sein fünfzigstes Dienstjubiläum im Alter von 76 Jahren um nur wenige Tage verfehlte. Nach und nach entwickelte Lenné ein Gesamtkunstwerk, das wir heutzutage die »Potsdamer Kulturlandschaft« nennen, immerhin mit einem Areal von etwa 700 km^2 Ausmaßen. Das konzeptionelle Rückgrat dieser Potsdamer Kulturlandschaft sind die seeartig geweiteten Havelgewässer, an denen zu den bereits bestehenden Parks neue Anlagen etabliert wurden. Lenné ermutigte das Königshaus sogar zum Erwerb entsprechender Grundstücke, beispielsweise das Gelände, auf dem dann der Babelsberger Park angelegt wurde. Die Wasserflächen bilden mehr und mehr eine Art playground, in dem sich die Yachten der wohlhabenden Anwohner tummelten, vergleichbar mit dem green im Reagents-Park in London. Umgeben sind diese greens oder playgrounds von einer ganzen Serie größerer und kleinerer Parks und Gärten, die gleichsam einen großen Gürtel von pleasuregrounds bilden. Ohne Frage zehrte Lenné von der Fülle der Bilder und Eindrücke, die er auf seiner Studienreise nach England (etwa August bis Oktober 1822) gesammelt hatte.[25] Umgesetzt in die Potsdamer Landschaft, ist ein Patchwork entstanden, das einem Panorama gleicht, in dem die schönsten Bilder Europas gezeigt werden. Lenné muss den Gedanken an eine Verschönerung der Insel Potsdam unmittelbar nach der Rückkehr von seiner Reise nach England gefasst haben. Dem König, Friedrich Wilhelm III., konnte er nichts davon berichten, denn er hatte nicht die nötige Entschlusskraft und wollte nicht die erforderlichen Finanzmittel zur Umsetzung solch großer Idee aufbringen. Also arbeitete Lenné am Detail, zeichnete kleine Pläne und fügte im Verlauf der Jahre eine Anlage nach der anderen seinem Idealplan hinzu. Diesen zeichnete er 1833 dann in einem weit fortgeschrittenen Zustand zusammen.

Erst der ab 1840 regierende nachfolgende König Friedrich Wilhelm IV. soll von Lenné ein Gartenreich verlangt haben, wie es der Fürst in Dessau-Wörlitz geschaffen hatte.

Doch sprechen wir nicht nur von Lennés Wirken in Potsdam, denn in der

Mark Brandenburg, also ohne Potsdam und Berlin, hat er 85 Parkanlagen entworfen und realisiert. Die Zeit war durchaus günstig für Anfänge vielfältigster Art, denn die Jahre nach 1815 waren geprägt von Reformen, Erneuerungen, Umwälzungen und Brüchen. Mit der Umsetzung der Stein-Hardenbergschen Reformen ging eine Neustrukturierung und Rationalisierung der Landwirtschaft einher, was zu einer teilweise kompletten Neuordnung und Neugestaltung des Orts- und Landschaftsbildes führte. Die mittelalterliche Dreifelderwirtschaft mit Flurzwang und Brachfläche wurde im Zuge der Separation und Flurneuordnung in Gänze aufgegeben und durch die idealen Bilder der Landesverschönerungsprogramme ersetzt. Das hat nichts mit »dekorieren« oder »hübsch machen« zu tun, vielmehr verbirgt sich dahinter die Anstrengung eines Landesentwicklungsprogramms, in das alle Lebensumstände eingebunden waren. Die landwirtschaftliche Produktion sollte verbessert werden, was seinen Ausdruck einerseits in einer Steigerung des Flächenertrages bis zum Vierfachen fand, andererseits in einer Anreicherung der Vielfalt an Feldfrüchten und Tierrassen. Auch sollte die Ernährungssituation der ländlichen Bevölkerung durch die Einführung von Obstwiesen und Obstbaumalleen entlang der Straßen verbessert werden. Überhaupt musste die Infrastruktur modernisiert werden, indem Straßen chaussiert oder gepflastert, später auch Eisenbahnlinien gebaut wurden. Den Kindern, allen Kindern!, sollte grundsätzlich eine Schulbildung ermöglicht werden. Allein schon deshalb, weil eine rationelle Landwirtschaft nur mit »lesenden Landwirten« umgesetzt werden konnte, so steht es in den alten Fachzeitschriften in der Zeit kurz vor und nach 1800.

Mit den Reformen einher ging auch ein wirtschaftliches Erstarken der ländlichen Anwesen. Es war möglich, sich etwas zu leisten – und man leistete sich Parks im englischen Stil, die ganz groß in Mode gekommen waren; viele barocke Anlagen wurden danach um- und neu gestaltet und sind bis zum heutigen Tage erhalten oder zeittypisch wiederhergestellt. Dennoch darf man sich keiner Illusion hingeben, denn der Reichtum war durchaus relativ. Im Grunde genommen waren die märkischen Landwirte »arme

Schlucker«, auch als Großgrundbesitzer. Einen Ausdruck dafür mag man dem Umstand entnehmen, dass so viele, die sich einen Garten im englischen Stile leisteten, es doch nicht zu einem typisch englischen Rasen im pleasureground brachten. Vorgegeben wurde immer, dass in Deutschland, in Preußen, das Wetter dafür nicht geeignet sei, es also an der nötigen Regenmenge mangle. Bei genauerem Hinsehen stellte sich heraus, dass die Besitzer solcher Parks den Grasschnitt der pleasuregrounds, deren Rasenflächen immer aus Lolium perenne bestanden, als Futter nutzten, denn dieses Gras ist ein hervorragendes Pferdefutter. Man hat den Rasen also nicht alle paar Tage gemäht, sondern das Gras wachsen lassen, bis es die Höhe zur Verfütterung hatte. Erst dann wurde gemäht. Durch solche »Pflege« kann nicht das Bild eines dichtgrünen kurzen Rasens entstehen. (Das ist auch den Hinweisen in den alten Fachzeitschriften zu entnehmen.) Dieser Umstand der wirtschaftlichen Nutzung, und nicht die Wetterverhältnisse, ließ dem Entstehen eines Rasens nach englischem Vorbild keine Chance.

Man muss sich vergegenwärtigen, dass das umfangreiche Werk Lennés neben seinen Dienstaufgaben in den Königlich Preußischen Gärten entstanden ist. Ohne tüchtige Mitarbeiter in seinem Büro wäre diese Leistung wohl nicht denkbar gewesen. Und so darf angenommen werden, dass viele der Parkanlagen, deren Entwurf und Realisierung Lenné als Büroinhaber verantwortet hat, nicht oder nicht nur sein geistiges Eigentum sind. In erster Linie wäre wohl Gustav Meyer zu nennen, der seit 1840 in Lennés Büro beschäftigt war.[26] Viele Personen aus dem fachlichen Umfeld mutmaßten zu Recht, dass Gustav Meyer die Nachfolge Lennés im Amt des Gartendirektors antreten würde. Der König, es war schon Wilhelm I., der spätere erste Kaiser in Deutschland, entschied anders und wählte Jühlke aus Erfurt zum Nachfolger Lennés. Es war offenbar nicht vergessen, dass Meyer einst »im Vormärz und seit 1864 wieder für die Berliner Linke gearbeitet hat«[27], was ein klares Ausschlusskriterium darstellte. Man muss sich wundern, dass Meyer »nicht schon früher aus der Hofgartenverwaltung entfernt wurde!«[28]

Folglich wurde Meyer 1870 zum ersten Stadtgartendirektor Berlins berufen, protegiert u. a. durch Rudolf Virchow, dem berühmten Arzt an der Charité.

Mit Pückler, dem Fürsten und Lebemann, dürfen wir einen Gartenkünstler und Schriftsteller verbinden. Das Schloss und die Parkanlagen im heutigen Bad Muskau sind sein erstes gebautes Werk. Die Parkanlagen sind heute wieder diesseits und jenseits der Neiße zu erleben, allerdings auf der deutschen Seite die kleinere Partie mit Schloss und pleasureground, auf der polnischen die weiträumigen Wald- und Feldanlagen im Sinne einer ornamented farm. Die Erfahrungen mit dem Anlegen des Muskauer Parks sind die Grundlage für die »Andeutungen über Landschaftsgärtnerei«, die Pückler 1834 herausgegeben hat. Neben dem bereits erwähnten Werk von Hirschfeld, der fünfbändigen Theorie zur Gartenkunst, veröffentlicht zwischen 1780 und 1785, und den »Beitraegen zur bildenden Gartenkunst« 1818 von Friedrich Ludwig von Sckell publiziert, sind die »Andeutungen über Landschaftsgärtnerei« von Pückler als eines der grundlegenden Werke über Landschaftsgärtnerei zu bezeichnen.

Pückler hatte sich mit dem Park in Muskau übernommen. Sein Versuch, die Unternehmung zu retten, indem er sich von Luciee trennt und auf einer Reise durch England eine »reiche Partie« macht, schlug fehl. Ohne Erfolg war diese Reise dennoch nicht, sie ist die Grundlage für die »Briefe eines Verstorbenen«, in denen ausführlich über große englische Parkanlagen, deren Bewirtschaftung, die Gesellschaft und den Klatsch über sie berichtet wird.

Pückler startet mit dem im Brandenburgischen liegenden Branitz einen zweiten Versuch. Das Grundstück war mit nur 37 Hektar beiderseits des Schlosses und 92 Hektar Außenpark bedeutend kleiner als das in Muskau gelegene, der Fürst (1785–1871) war im Jahr der Fertigstellung der Pflanzungen 1853 mit 68 Jahren aber auch schon bedeutend älter. Deshalb ließ er große Bäume umpflanzen, machte reichlich Erfahrung mit dieser Verpflanztechnik und gute Erfahrung mit dem Werden eines Raumgebildes in kürzester Zeit. Der Park in Branitz ist das einzige Gartenkunstwerk in Brandenburg, das Pückler allein entworfen und realisiert hat.

Quintessenz

Die zweierlei Anstrengungen auf dem Gebiet der Gartenkunst in der zurückliegenden Zeit nach dem Zweiten Weltkrieg und nach der Wiedervereinigung der beiden deutschen Staaten haben ein hervorragendes Ergebnis zutage gefördert. Einerseits sind durch akribische Literatur- und Archivarbeit die gezeichneten und geschriebenen Quellen entdeckt und publiziert, also zugänglich gemacht worden, andererseits haben Bemühungen der unterschiedlichsten Art zur Bestandserhaltung und zur Wiedergewinnung von Anlagen in ihrem historischen Kontext beigetragen, sodass wir heute in der Lage sind, uns in den Werken der großen Gartenkünstler jener Zeiten zu ergehen und uns daran zu erfreuen.

Dazu will auch dieses Werk einen Beitrag leisten und anregen, die ausgewählten Parkanlagen als Teil eines wertvollen Kulturerbes kennenzulernen, die darin enthaltenen Gestaltungsideen zu ergründen und dem, was daraus geworden ist, eine gebührende Achtung zu erweisen.

1 Prösel, Susan/Kremin, Michael: Berlin um 1700. Die Idealstadt Charlottenburg. Berlin 1984, S. 34.
2 Prösel, Susan/Kremin, Michael: Berlin um 1700. Die Idealstadt Charlottenburg. Berlin 1984, S. 26.
3 Stiftung Preußische Schlösser und Gärten Berlin-Brandenburg (Hrsg.): Nichts gedeiht ohne Pflege. Katalog zur Ausstellung. Potsdam 2001, S. 28.
4 Stadt Krefeld und Stiftung Preußische Schlösser Berlin-Brandenburg und Stichting Paleis Het Loo, Nationaal Museum (Hrsg.): Onder den Oranje Boom, Katalogband. München 1999, S. 207.
5 Prösel, Susan/Kremin, Michael: Berlin um 1700. Die Idealstadt Charlottenburg. Berlin 1984, S. 40.
6 Prösel, Susan/Kremin, Michael: Berlin um 1700. Die Idealstadt Charlottenburg. Berlin 1984, S. 40.
7 Prösel, Susan/Kremin, Michael: Berlin um 1700. Die Idealstadt Charlottenburg. Berlin 1984, S. 41.
8 Prösel, Susan/Kremin, Michael: Berlin um 1700. Die Idealstadt Charlottenburg. Berlin 1984, S. 41.
9 Orsenna, Érik: Portrait eines glücklichen Menschen: Der Gärtner von Versailles. München 2004, S. 44–51.
10 Prösel, Susan/Kremin, Michael: Berlin um 1700. Die Idealstadt Charlottenburg. Berlin 1984, S. 50.
11 Franke, Arne: Das schlesische Elysium. Burgen, Schlösser, Herrenhäuser und Parks im Hirschberger Tal. Potsdam 2004.
12 Kühn, Margarete: Die Gärten Friedrichs des Großen. In: Brandenburgische Jahrbücher 14./15. Die alten Gärten und ländlichen Parke in der Mark Brandenburg, herausgegeben vom Landeshauptmann der Provinz Brandenburg. Potsdam und Berlin 1939, S. 34.
13 Brandenburgisches Landesamt für Denkmalpflege und Archäologisches Landesmuseum (Hrsg.): Das Zisterzienserkloster Neuzelle. Berlin 2007.
14 Vgl. Hansmann, Wilfried: Der Terrassengarten der Zisterzienserabtei Kamp im 18. Jahrhundert. In: Der Terrassengarten von Kloster Kamp. Arbeitsheft 34 des Landschaftsverbandes Rheinland. Pulheim 1993, S. 21–38.

15 Schmidt, Hartwig: Carl Gotthard Langhans. In: Ribbe/Schäche: Baumeister, Architekten, Stadtplaner. Berlin 1987, S. 117.

16 Vgl. Lenné, Peter Joseph: Allgemeine Bemerkungen über die Brittischen Parks und Gärten. In: Verhandlungen des Vereins zur Beförderung des Gartenbaus in den Königlich Preußischen Staaten, Jg. 1, Berlin 1824, S. 82–96.

17 v. Reichenbach, Leopold: Einige Bemerkungen über die Gärten in der Mark Brandenburg, Berlin 1790. Als Faksimile neu herausgegeben in den Mitteilungen der Pückler Gesellschaft, 7. Heft 1991.

18 Vgl. v. Reichenbach, Leopold: Der schöne Garten, Berlin 1788. Als Faksimile neu herausgegeben in den Mitteilungen der Pückler Gesellschaft, 12. Heft 1997.

19 Weitergehende Ausführungen vgl.: Schumacher, Horst/Strauss, Jürgen: Das ganze Land ein Garten. Historische Kulturlandschaften an Havel, Elbe und Themse. Potsdam 1998.

20 Pruns, Herbert: Albrecht Daniel Thaer und die ästhetisch gestalteten Kulturlandschaften. In: Panne, Kathrin (Hrsg.): Albrecht Daniel Thaer – Der Mann gehört der Welt. Celle 2002.

21 Pruns, Herbert: Albrecht Daniel Thaer und die ästhetisch gestalteten Kulturlandschaften. In: Panne, Kathrin (Hrsg.): Albrecht Daniel Thaer – Der Mann gehört der Welt. Celle 2002.

22 Körte, Wilhelm: Albrecht Thaer. Leipzig 1839, S. 211. Zitiert nach v. der Marwitz, Friedrich August: Lebensbeschreibung. Berlin 1852, S. 28. Zitiert nach Düvel, Martina: Die Kulturen und Anpflanzungen auf den Gütern der Frau von Friedland bei Wriezen a. d. Oder zu Beginn des 19. Jh. Und ihre Auswirkungen auf die heutige Flora und Vegetation dieses Gebietes. Diplomarbeit an der TU Berlin. Berlin 1991.
Von der Arbeit gibt es eine publizierte Fassung in: Verhandlungen des Botanischen Vereins von Berlin und Brandenburg 2000, Nr. 133, S. 5–35.

23 Däumel, Gerd: G. Vorherr und die Landesverschönerung in Bayern. In: Festschrift für H.-Fr. Wiepking, 1963. Beiträge zur Landespflege I.

24 Dieses Zitat befindet sich in: Gustav Meyer: Lehrbuch der schönen Gartenkunst. Berlin 1860, S. 56.

Meyer zitiert aus Chambers »Abhandlung über orientalische Gartenkunst«, der zweiten Auflage von 1773.

25 Vgl. Hinz, Gerhard: Peter Joseph Lenné. Hildesheim, Zürich, New York 1989, S. 18 und Lenné, Peter Joseph: Allgemeine Bemerkungen über die Brittischen Parks und Gärten. In: Verhandlungen des Vereins zur Beförderung des Gartenbaus in den Königlich Preußischen Staaten, Jg. 1. Berlin 1824, S. 82–96.

26 Vgl. Hartwig: Ein Beitrag zur Klarstellung des Verhältnisses zwischen Lenné und Meyer. Zeitschrift für Gartenbau und Gartenkunst 1895, S. 109f und Hampel, Carl: Ein Vortrag über die Lenné-Meyersche Schule, Dresden 10.5.1887. Jahrbuch für Gartenkunde und Botanik 1887/88, S. 97–107.

27 Peschken, Goerd: Der Humboldthain. Berlin 1984. Unveröffentlichtes Manuskript, zitiert und publiziert in: Schumacher, Horst: Colonie Alsen: Die neue Stadt. In: Immenhausen, Wolfgang (Hrsg.): Max Liebermann in Wannsee, Katalog zur Ausstellung. Berlin 1997, S. 2.

28 Peschken, Goerd: Der Humboldthain. Berlin 1984. Unveröffentlichtes Manuskript, zitiert und publiziert in: Schumacher, Horst: Colonie Alsen: Die neue Stadt. In: Immenhausen, Wolfgang (Hrsg.): Max Liebermann in Wannsee, Katalog zur Ausstellung. Berlin 1997, S. 2.

Quellen | Dialog

Badstübner-Gröger, Sibylle: Caputh, Veröffentlichung für den »Freundeskreis Schlösser und Gärten der Mark«, Berlin, 1996.

Brandenburgisches Landesamt für Denkmalpflege (Hrsg.): Peter Joseph Lenné Gartenkunst im 19. Jahrhundert, Beiträge zur Lenné-Forschung, Verlag für Bauwesen, Berlin, 1998.

Einstein, Albert: Mein Weltbild, Ullstein Verlag, Ulm, 2005.

Giersberg, Hans-Joachim: Die Potsdamer Kulturlandschaft. Zur Geschichte ihrer Gestaltung vom 17. bis zum 19. Jahrhundert, In: Brandenburgisches Landesamt für Denkmalpflege (Hrsg.), Peter Joseph Lenné, Gartenkunst im 19. Jahrhundert, Beiträge zur Lenné-Forschung, Verlag für Bauwesen, Berlin, 1992.

Grüning, Michael: Ein Haus für Albert Einstein. Erinnerungen, Briefe, Dokumente, Verlag der Nationen, Berlin, 1990.

Günther, Harri: Peter Joseph Lenné, Gärten, Parks, Landschaften, Deutsche Verlagsanstalt, Stuttgart, 1985.
Hauser, Hans: Hilfe für Schloß Caputh, In: Berlinische Monatsschrift, Heft 3, 1998.
Hoffmann, Dieter: Einsteins Berlin, Auf den Spuren eines Genies, Wiley-VCH Verlag, Weinheim, 2006.
Hoch, Oliver: Brandenburg Grün, L & H Verlag, Berlin, 2003.
Hohlfeld, Carmen: Caputh und die Caputher, Ein kulturhistorischer Streifzug, Gemeindeverlag, Caputh, 1992.

Horst Schumacher
Studium der Garten- und Landschaftsarchitektur an der TU Berlin. Seit 1982 selbständig tätig als freischaffender Landschaftsarchitekt mit Büro in Berlin und Erfurt; viele realisierte Gärten, auch Gartendenkmäler. Weitere Schwerpunkte sind Geschichte der Gartenkunst, Entwicklungsstrategien für historische Kulturlandschaften und seit 1998 Strategien zur nachhaltigen Entwicklung des Orts- und Landschaftsbildes mit erneuerbaren Energien.
Seit 1999 Professur an der Fachhochschule Erfurt, Fakultät Landschaftsarchitektur, Gartenbau und Forst, Lehrgebiete Freiraumplanung und Entwerfen. Forschungsprojekte: Energiegarten® und Gärten im Film®.
Diverse Publikationen zur Geschichte und Theorie der Gartenkunst, zu historischen Kulturlandschaften und zur Kulturlandschaftsentwicklung mit erneuerbaren Energien.

Grit van Dyk
Studium der Theater- und Erziehungswissenschaften in Gießen, Berlin und Madrid. Danach arbeitete sie als Lektorin beim Theaterverlag »Verlag Autorenagentur«. Von 2002–2007 war sie als Schauspieldramaturgin am Volkstheater Rostock tätig. Seit 2007 arbeitet sie als freiberufliche Autorin und Dramaturgin in Berlin.

Titelgestaltung Katharina Strauss
Unter Verwendung einer Photographie von © Jürgen Strauss, dem Portrait von Peter Joseph Lenné, nach einem Gemälde von Karl Joseph Begas © Bildarchiv Preußischer Kulurbesitz und dem Portraitphoto von Albert Einsten, © Ullstein-Bildarchiv.

Bibliografische Information der Deutschen Bibliothek:
Die Deutsche Bibliothek verzeichnet diese Publikation in der Deutschen Nationalbibliografie; detaillierte bibliografische Daten sind im Internet über http://dnb.ddb.de abrufbar.

Herausgeber Horst Schumacher
Text Grit van Dyk
Photographie © Jürgen Strauss
Recherche Leonie Glabau
Lektorat Elke Seiler
Graphische Gestaltung Katharina Strauss
Satz Katharina Strauss
Druck GS Druck und Medien GmbH, Potsdam

Printed in Germany

ISBN 978-3-86886-015-3